TAMI VON SEYR

Klugscheißerwissen Kräuter

RAETIA

FÜR ALLE, DIE
MEIN KLUGSCHEISSERWISSEN
ERTRAGEN UND

TROTZDEM NOCH
(FREIWILLIG)
EIN WEINCHEN
MIT MIR TRINKEN.

DANKE, DIE NÄCHSTE RUNDE GEHT AUF MICH.

Einleitung

Ich weiß ja nicht, wie es dir geht, aber Sidefacts, unnützes Wissen und Blödsinn konnte ich mir schon immer ohne die geringste Anstrengung merken. Daher auch mein Vorhaben, dieses Buch zu schreiben. Alle, die mich kennen, wissen: In meinem verrückten Kräuterkopf geht es superlustig zu. An meiner ganz besonderen Sichtweise auf so manches Kräutlein möchte ich dich unbedingt teilhaben lassen. Schluss mit langweiligen Aufzählungen, unhandlichen Begriffen und verstaubtem Kräuterwissen.

Die Zeit ist gekommen, dieses wertvolle Wissen über Kräuter, Pflanzen und die Natur in die Gegenwart zu holen. So habe ich mich mit dem einen oder anderen Beikraut auf ein Weinchen getroffen und versucht, mit langen Gesprächen, intensiven Interviews und meinen ganz privaten Studien der Kräuter deren Charaktereigenschaften und Persönlichkeiten zu bestimmen und zu beschreiben. In meinem Kräuterwerk findest du viele Fakten zum Schmunzeln und Lachen, aber vor allem auch cleveres Klugscheißerwissen zum Angeben. Und damit du dir das Wichtigste noch leichter merken kannst, gibt es das Taschenwissen für die Kaffeepause noch obendrauf. Also los jetzt! Vergeude nicht deine wertvolle Zeit mit dem Lesen dieser Einleitung. Leg die Füße hoch, platzier die Katze auf deinem Schoß und los geht's mit dem Kräuterspaß.

**AufFLIEDERsehen und bis BALDRIAN
die verrückte Kräuter-Tami**

Inhalt

1	**Ahorn**	9
2	**Augentrost**	13
3	**Bärenklau**	17
4	**Beifuß**	21
5	**Beinwell**	25
6	**Berberitze**	29
7	**Berufkraut**	33
8	**Kleine Bibernelle**	37
9	**Blutwurz**	41
10	**Braunelle**	45
11	**Brennnessel**	49
12	**Rotbuche**	53
13	**Eberesche**	57
14	**Ehrenpreis**	61
15	**Wald-Engelwurz**	65
16	**Fichte**	69
17	**Frauenmantel**	73
18	**Giersch**	77
19	**Gundelrebe**	81
20	**Günsel**	85
21	**Hagebutte**	89
22	**Haselnuss**	93
23	**Heidelbeere**	97
24	**Schwarzer Holunder**	101
25	**Hopfen**	105

26	Knopfkraut	109
27	Königskerze	113
28	Echtes Labkraut	117
29	(Taubenkropf-)Leimkraut	121
30	(Rote) Lichtnelke	125
31	Löwenzahn	129
32	Mädesüß	133
33	Meisterwurz	137
34	(Echte) Nelkenwurz	141
35	(Zitter-)Pappel	145
36	Preiselbeere	149
37	Quendel	153
38	Rotklee	157
39	(Acker-)Schachtelhalm	161
40	Schafgarbe	165
41	Schlüsselblume	169
42	Spitzwegerich	173
43	(Echter) Steinklee	177
44	Stinkender Storchschnabel	181
45	(Weiße) Taubnessel	185
46	Vergissmeinnicht	189
47	Vogelmiere	193
48	Wacholder	197
49	Wegwarte	201
50	Weißdorn	205

Lieblingskräuter 208
Register 212

Klugscheißerwissen Kräuter

7

AHORN
Acer ssp.

Der süße Drogenbaron

Familie: Seifenbaumgewächse
Nennenswerte Inhaltsstoffe: Gerbstoffe, Eiweiß, Zucker
Anwendung: als Wildsalat, Bienenweide
Verwendete Pflanzenteile: junge Blätter, Blüten

Mindestens einmal am Tag drehe ich fast durch, wenn ich nicht unverzüglich etwas Süßes nasche. Da kann es durchaus passieren, dass ich mich ganz unwürdig auf alle viere begebe, um in der hintersten Ecke meiner Küche nachzuschauen, ob sich nicht doch noch irgendwo ein leckerer Keks oder ein kleines Stück Schokolade versteckt hält. Tatsächlich kommt dann eine andere, nicht ganz so sonnige Persönlichkeit ans Licht, die außerordentlich gut in die bekannte „Snickers"-Werbung passen würde. Ich gebe zu, ich bin süchtig. Süchtig nach süßem Zucker und vor allem nach schokoladigem Zucker. Doch seitdem ich regelmäßig zu den Treffen der Anonymen Schokoholics gehe, läuft es recht gut. Manchmal überkommt es mich trotzdem noch, und ich würde beinahe alles für ein Stück saftigen Schokokuchen oder einen extra großen Cookie geben, Hauptsache, was Süßes. Dann bin ich kurz davor, Mister A., meinen zuckrigen Drogendealer, aufzusuchen.

Wie es sich für einen richtigen Drogenbaron gehört, treibt sich Mister A. gerne am Straßenrand und in Parks herum. Natürlich dealt er nicht mit ganz harten Drogen wie Kokain oder Crystal Meth. Und auch sonst ist er weder böse noch kriminell. Dennoch erhält man bei ihm eine ganz spezielle Art von

Taschenwissen für die Kaffeepause
Zuckerproduzent
Nationalheld
Artischockenknospe

Drogen, die ein nicht weniger großes Suchtpotenzial an den Tag legen. Es geht hier nämlich um Zucker. Zucker in Form von Ahornsirup.

Grundsätzlich kann man aus jedem Ahornbaum Zucker gewinnen. Am besten eignet sich hier jedoch der Zuckerahorn, sein Saft hat nämlich den höchsten Zuckergehalt.
Die Kanadier fahren so sehr darauf ab, dass der Ahorn zu einer Art Nationalheld erkoren wurde. Der Baum ist so beliebt, dass das Ahornblatt sogar auf die Nationalflagge geschafft hat. Wobei man hier noch erwähnen muss, dass dieses Blatt einige kosmetische Eingriffe, mindestens aber Photoshop über sich ergehen lassen musste. Auf der Flagge trägt das Blatt nur elf Blattspitzen. In natura sind es jedoch 23. Leider steckt da wirklich keine tiefere Bedeutung dahinter. Man fand es schlicht und ergreifend schöner.

Die Blattzacken sind auch namensgebend für diesen Baum. Sein botanischer Name *Acer* enthält mit allergrößter Wahrscheinlichkeit die indogermanische Wurzel *ak,* die so viel wie spitz oder scharf bedeutet.

Wenn der Ahorn nicht gerade dabei ist, seine Drogen zu verticken, arbeitet er an seiner Karriere als Gemüsehändler. Hier hingegen gibt es noch sehr viel Luft nach oben: Man erhält bei ihm nämlich nur zwei Arten von Gemüse: Artischocken und Spinat. Und über die Artischocken kann man dann auch noch streiten, da es bloß seine Knospen sind, die er einem unterjubeln will.

Eines seiner zahlreichen Hobbys ist hier noch zu erwähnen, nämlich das Fliegen. Das Talent dafür wird ihm schon in die Wiege gelegt. Es befindet sich in seiner DNA. Schon als kleiner Samen wartet er darauf, dass die Frucht, in der er sitzt, endlich reif wird und er anschließend seinen Elternbaum verlassen kann, um selber zu einem stattlichen Baum heranzuwachsen.

Diese recht spitzen Knospen erinnern mit ihren deutlich zu erkennenden Schuppen tatsächlich an winzige Artischocken. Geschmacklich sind sie allerdings ganz weit davon entfernt. Den Spinat hingegen hat der Ahorn richtig gut drauf.

GEMÜSE-WRAP MIT AHORN-SPINAT

2 Handvoll junge Ahornblätter • 1 Wrap • etwas Zwiebel und Knoblauch • Hummus • (veganer) Feta

Für die Füllung dünstest du die Ahornblätter mit etwas Zwiebel und Knoblauch kurz an. Nun bestreichst du den Wrap mit etwas Hummus (bei mir ist es fast immer viel Hummus) und gibst dann den gewürzten Ahorn-Spinat darauf. Wer möchte, kann das Ganze gerne noch mit (veganem) Feta verfeinern. Nun musst du den Wrap nur noch zusammenrollen und beherzt hineinbeißen. Mahlzeit.

Ich für meinen Teil spaziere jetzt eine kleine Runde durch den Park, um meinen süchtigen Kopf auf andere Gedanken zu bringen und mein sonniges Alltagsgemüt wieder ans Licht zu holen. Und vielleicht treffe ich ja den einen oder anderen Mister A., der doch noch etwas „Stoff" für mich übrig hat.

KLUGSCHEISSERWISSEN

Mit etwa 16 Umdrehungen pro Sekunde fällt bzw. gleitet die Ahornfrucht zu Boden. Die eigentliche (Spalt-)Frucht bleibt bei diesem Vorgang in der Mitte, während sich der Flügel um die eigene Achse dreht, um die Fallgeschwindigkeit herunterzufahren. Man kann den Flügel in etwa mit dem Propeller eines kleinen Hubschraubers vergleichen. So kommt die Frucht mit dem wichtigen Samen sicher auf dem Boden an.

2

AUGENTROST
Euphrasia ssp.

Der Geheimagent

Familie: Sommerwurzgewächse
Nennenswerte Inhaltsstoffe: Gerbstoffe, Bitterstoffe, Aucubin, Cumarin
Anwendung: bei Augenleiden, Magenverstimmung
Verwendete Pflanzenteile: Kraut

Fühlst du dich in der freien Natur auch manchmal beobachtet? Ich meine, wenn du allein bist. Ganz allein. Mutterseelenallein. Lautet deine Antwort ja, dann herzlich willkommen im Club. Mir geht es nämlich andauernd so. Ich befürchte, es ist Mutter Natur, die uns da ausspioniert. Sie hat nämlich in Form des Augentrostes ein wortwörtliches Auge auf uns geworfen. Verhalte dich höflich, ganz ruhig und versuche auf nichts und niemanden draufzutreten.

Der botanische Name *Euphrasia* bedeutet so viel wie Fröhlichkeit und guter Geist. In der griechischen Mythologie existierte eine Dame namens Euphrosyne. Sie war eine Tochter von Zeus und eine der drei Chariten: Euphrosyne war die Frohsinnige, Thalia die Blühende und Aglaia die Strahlende. Sie sollten den Menschen Gutes und Schönes bringen. Na ja, so ganz scheint der Augentrost es seiner Namensgeberin nicht gleichzutun, denn er nimmt lieber, als er gibt.

Taschenwissen für die Kaffeepause
Augenheilmittel
Schmarotzer
Milchdieb

Dem einen oder anderen rüstigen Bauern stellt es sogar die Nackenhaare auf, wenn er den Augentrost in der Kuhweide wachsen sieht. Die Pflanze gilt nämlich als Milchdieb. Frisst die Kuh eine größere Menge davon, gibt sie deutlich weniger Milch. Zudem wird durch ihr forsches Auftreten der Wuchs umliegender Gräser gebremst. Auch hier nimmt der Augentrost anscheinend lieber, als er gibt.

Wo der Augentrost wächst, soll deutlich öfter als an anderen Orten der Blitz einschlagen. Die Natur zeigt uns also anhand dieser Pflanze, dass wir an diesem Platz auf der Hut sein sollten.

Die sogenannte Signaturenlehre besagt, dass vom Aussehen der Pflanzen Rückschlüsse auf ihre Wirkung gezogen werden können. Daher wird und wurde der Augentrost bei Entzündungen am Auge eingesetzt. Der Inhaltsstoff Aucubin wirkt nämlich nachweislich entzündungshemmend und antibakteriell. Damit verfügt der Augentrost über die Gabe, ein krankes Auge zu trösten. Am besten wird die heilende Kraft der Pflanze in einer Kombination aus Augentropfen, Augenauflagen und einem leckeren Tee eingesetzt.

An der Ober- und Unterlippe der Blüte kann man ein wunderschönes Auge mit Pupille und Wimpern erkennen.

KLUGSCHEISSERWISSEN

Der Augentrost ist ein Mitglied der Sommerwurzgewächse und somit ein Halbschmarotzer.
Nein, ich möchte das zarte Blümlein wirklich nicht beleidigen, aber diese faule Nudel hat es sich tatsächlich recht einfach gemacht: Sie besitzt sogenannte Saugwurzeln, mit denen sie sich an den Wurzeln anderer Pflanzen (zum Beispiel Gräsern) festsaugen kann. Sie zwackt sich dann Wasser und Nährstoffe ab, um damit selbst Photosynthese zu betreiben. Halbe Arbeit, gleiches Ergebnis. Eigentlich ganz schlau.

AUGENTROST-TEE

Bei leichten Augenentzündungen machst du dir einen recht starken Augentrost-Tee. Diesen lässt du 6–8 Minuten ziehen. Dann tränkst du eine Kompresse gut im abgekühlten Tee und legst sie auf das betroffene Auge. Die Kompresse kannst du immer wieder in den Tee tauchen und auflegen.

Ich für meinen Teil werde also niemals in freier Natur schlecht über den Augentrost oder andere Pflanzen und Geschöpfe reden. Mutter Natur hört das bestimmt nicht gerne. Denn vielleicht hat sie nicht nur Augen, sondern auch Ohren, von denen wir noch nichts wissen ...

BÄRENKLAU
Heracleum ssp.

Der distanzierte Kraftprotz

Familie: Doldenblütler
Nennenswerte Inhaltsstoffe: Bitterstoffe, Furanocumarine
Anwendung: als Verdauungsanreger, reife Samen zum Würzen
Verwendete Pflanzenteile: Stängel, junge Blätter, Wurzel, Samen

Es gibt so manche Menschen – habe ich mir jedenfalls sagen lassen, die sehr gerne Körperkontakt aufnehmen. Sie sind immer und überall bereit zum Knuddeln, Kuscheln und zum Umarmen. Mit jedem. Ausnahmslos. Bei jeder Gelegenheit gibt es ein leichtes Schultertätscheln oder einen gekonnten Oberarmstreichler. Nun ja. Ich will euch nicht enttäuschen, aber ich gehöre da definitiv nicht dazu. Ich halte es eher wie der Bärenklau: Wenig Berührung von ausgewählten Menschen ist o. k. Bei allem anderen gibt es Rötungen und Verbrennungen.

Warum die Pflanze so heißt, kann man sofort nachvollziehen, wenn man ihre Blätter betrachtet: Sie sind richtig groß und erinnern entfernt an eine große Bärenpratze. So hat sich der Name Bärenklau(e) durchgesetzt. Der Wiesen-Bärenklau kommt in meiner Gegend sehr häufig vor. Er besitzt einen behaarten und recht kantig gefurchten Stängel, der innen hohl ist. Etwas vom geschälten Stängel kann man auch als Sellerie-Ersatz verwenden. Als Blüte bildet er eine weiße

Dolde, die sich von Juni bis September zeigt. Die jungen Blätter sind nicht giftig und können gut und gerne manchmal unter den Salat gemischt werden.

Doch passt bitte auf bei den Doldenblütlern. Die Unterscheidung ist schwierig, da sich alle äußerst ähnlich sehen, aber wichtig. Unter den Doldenblütlern findet man nämlich sehr giftige Pflanzen wie den Fleckenschierling und die Hundspetersilie. Diese sollten auf keinen Fall auf dem Teller landen. Es sei denn, die nervige Schwiegermutter kommt zum Essen. Ihr wisst schon: die, die so gerne kuschelt.

KLUGSCHEISSERWISSEN

Die Bärenklau-Arten enthalten in ihrem Saft sogenannte Furanocumarine. Das sind Stoffe, die bei Hautkontakt in Kombination mit Sonne starke Rötungen bis hin zu Hautverbrennungen und Blasen hervorrufen können. Diese Eigenschaft nennt man Phototoxizität. Der Riesen-Bärenklau enthält die meisten Furanocumarine und ist deshalb eine sehr gefährliche Pflanze. Der Wiesen-Bärenklau hingegen enthält weit weniger davon, wobei auch da recht empfindliche Menschen leicht reagieren können. Deshalb gilt für Sensibelchen: Finger weg!

Der Bärenklau ist nicht giftig. Problematisch wird es nur, wenn der Pflanzensaft auf die Haut kommt und diese Stelle dann der Sonne ausgesetzt wird. Werden die Pflanzenteile gegessen, gibt es in der Regel keine Probleme. Es sei denn, in eurem Bauch scheint die Sonne. Dann glaube ich allerdings, dass ein wenig Wiesen-Bärenklau euer geringstes Problem darstellt.

Ein Pulver aus der Wurzel zubereitet kann stärkend wirken und als Ginseng-Ersatz durchgehen. So wird dem Pulver sogar ein potenzsteigernder Effekt nachgesagt. Aus der Wurzel wurde früher ein Amulett gefertigt und fleißig bei sich getragen. Es soll so mächtig gewesen sein, dass der Träger für immer jung, gesund und reich bleiben sollte.

BÄRENLIKÖR

50 g unreife Bärenklausamen (beim Sammeln Handschuhe anziehen!) • 500 ml Wodka • Vanillezucker

Die Samen gibst du mit dem Wodka in ein verschließbares Gefäß. Bald siehst du, dass sich die Flüssigkeit grün zu färben beginnt. Sobald die gewünschte Farbe erreicht ist, kannst du die Samen abseihen und je nach Bedarf noch etwas in Wasser aufgekochten Vanillezucker hinzugeben. Prost.

Ich für meinen Teil werde mir nun doch noch einen Riesen-Bärenklau in den Garten setzen und allen davon erzählen. Und wer mich mal wieder ungefragt umarmen möchte, dem kann es passieren, dass er rein zufällig und ganz ohne mein Zutun in diese Pflanze stolpert.

Taschenwissen für die Kaffeepause
Bärenpratze
Blasenbildung
Achtung Doldenblütler

BEIFUSS
Artemisia vulgaris

Der Workaholic

Familie: Korbblütler
Nennenswerte Inhaltsstoffe: Bitterstoffe
Anwendung: appetitanregend, verdauungsfördernd, bei Frauenleiden, zur schnellen Genesung nach Krankheit
Verwendete Pflanzenteile: Blätter, Blüten

Zugegeben, auch ich bin eine junge Dame, die das eine oder andere Gläschen Weißwein oder einen erlesenen Gin Tonic mit einer Scheibe Gurke nicht verabscheut. Es ist auch schon vorgekommen, dass ich auf meinem Nachhauseweg beschwipsterweise etwas mehr vom breiten Gehsteig in Anspruch genommen habe. Trotzdem finde ich es zum Davonlaufen, wenn es manche Menschen so ganz eindeutig übertreiben. Wohlgemerkt, ich meine damit nicht, einfach mal „rotzevoll" zu sein, sondern so betrunken zu sein, dass man schon Untertitel beim Reden braucht. In diesem Fall ist es am besten, einfach nach Hause zu gehen und den Rausch auszuschlafen. Doch genau das machen die Betroffenen natürlich nie! Eher suchen sie noch Streit. Meistens wegen Kleinigkeiten. Sie machen aus einem Sprössling einen Elefantenbaum. Und genau dann ist es unerlässlich, dass ein mutiger Türsteher eingreift.

Taschenwissen für die Kaffeepause
Frauenkraut
Bitterkraut
Räucherkraut

Der Name Beifuß geht auf das althochdeutsche *biboz* zurück, wobei der Teil *boz* nichts mit dem Wort Fuß zu tun hat, sondern mit schlagen, stoßen. Es wird vermutet, dass man im Laufe der Zeit aus *boz* einen Fuß gemacht hat, aber warum

einen Fuß gemacht hat. Möglich wäre aber auch, dass man die Pflanze schlagen sollte, um die Geschmacksstoffe zu aktivieren, oder dass sie eben dazu diente, das Böse in die Flucht zu schlagen. Ganz so, wie es ein guter Türsteher mit sturzbetrunkenen Gästen macht, die einfach nur Streit suchen. So findet man in vielen Räuchermischungen neben dem reinigenden Salbei auch immer öfter Beifuß, um Schlechtes zu vertreiben.

Eine andere Namensdeutung besagt, dass die in die Schuhe gelegten Blätter den Füßen zu Ausdauer und Schnelligkeit verhelfen. Vielleicht hilft das dem Beifuß, auch schnell zu einem seiner anderen Jobs zu laufen. Denn der Beifuß hat viele davon. Also Jobs, nicht Füße. Er ist ein wahrer Workaholic.

Den Job als Türsteher übt er meist nachts aus. Morgens begegnet man ihm ganz oft auf dem Nachhauseweg. Nach der ermüdenden Schicht ist er dann meist schlecht gelaunt und verteilt gezielte Beleidigungen und allergieauslösende Pollen an jeden, der ihm in die Quere kommt. So gilt der Beifuß leider oft auch als Auslöser für Heuschnupfen. Die Pollen werden meist zwischen 6 und 11 Uhr morgens freigesetzt.

Tagsüber und bei Bedarf ist der Beifuß auch als Hebamme tätig. Als Pflanze, die der Göttin Artemis geweiht ist (siehe den botanischen Namen *Artemisia*), ist er ein gutes Frauenkraut. Beifuß wurde gebärenden Frauen unter die Laken gelegt, um Schutz und Beistand der Göttin zu erhalten. Er war ein wichtiges Kräutlein im Bunde der sogenannten Bettstrohkräuter. Als Tee sollte er die Wehen anregen und wurde daher von den Hebammen gerne in einer Mischung zur Einleitung der Geburt gereicht.

Und noch einen Job hat der unermüdliche Beifuß: Er arbeitet auch als Koch. Er verfeinert recht fette Speisen mit seinem besonderen Aroma und regt zudem noch die Verdauung an. So kann man also am Tag nach durchzechten Nächten ganz einfach seinen Gelüsten auf fettige und deftige Speisen nachgeben. Allerdings nicht ohne Beifuß.

BEIFUSSTINKTUR

1 Handvoll Beifußblätter • 40%iger Wodka

Die grob zerkleinerten Blätter gibst du in ein verschließbares Glas und füllst dann so viel Wodka ein, bis die Blätter gut bedeckt sind, aber genug Platz bleibt, um die Mischung noch gut schütteln zu können. Ich schüttle die Tinktur dann einmal am Tag etwa einen Mondzyklus (28 Tage) lang. Nach dieser Zeit kann die Tinktur gefiltert und bei Verdauungsbeschwerden eingesetzt werden.

Ich für meinen Teil spüre noch deutliche Nachwirkungen des gestrigen Abends. Darum werde ich mir heute ein leckeres Kateressen zubereiten. Natürlich nicht ohne etwas Beifuß. Denn auch ein Kater ist eine „etwas andere kleine Krankheit", nach der man möglichst schnell wieder fit sein möchte.

KLUGSCHEISSERWISSEN

Die enthaltenen Bitterstoffe (Sesquiterpenlactone), die auch in der Arnika vorkommen, wirken uteruskontrahierend und entzündungshemmend. Grundsätzlich gilt: „Was bitter im Mund, ist dem Magen gesund." Bitterstoffe regen die Verdauungssäfte wie Speichel, Galle und sogar die Insulinproduktion an. Zusätzlich – und das liebe ich an den Bitterstoffen – aktivieren sie das Immunsystem.

BEINWELL
Symphytum officinale

Der knackige Hipster mit Bart

Familie: Raublattgewächse
Nennenswerte Inhaltsstoffe: Allantoin, Pyrrolizidinalkaloide
Anwendung: bei Sportverletzungen, Knochenbrüchen, Sehnen- und Bänderverletzungen, Bandscheibenproblemen, stumpfen Traumen, Gelenksproblemen
Verwendete Pflanzenteile: Wurzel

Auch als extra coole und hippe Pflanze ist es doch außerordentlich sinnvoll, seinen Pflanzenkörper und den blumigen Geist etwas zu trainieren, sprich Sport zu treiben.

Einer, der das richtig ernst nimmt, ist der Beinwell. In jeder freien Minute macht er irgendwelche krassen Muskelübungen, um sein Aussehen zu optimieren und um einen der knackigsten Pflanzenkörper in der Natur zu erlangen. Ich würde mal behaupten, er ist gut dabei. Den knackigen Körper sieht man ihm nicht nur an, sondern man kann ihn auch hören.

Knickt man nämlich das Blatt oder den Stängel eines Beinwells, hört man ein bedrohliches Geräusch, nämlich ein richtig lautes Knacken. Fast so, als ob sich der arme Beinwell einen seiner Pflanzenknochen brechen würde. Wenn es tatsächlich so wäre, müsste man sich aber trotzdem keine Sorgen um den grünen Kollegen machen, denn er ist ein wahrer DIY-Künstler. Als trainingsaffine Pflanze kennt er sich nicht nur

super mit dem Bewegungsapparat aus, sondern auch mit der einen oder anderen Verletzung in diesem Bereich.
Beinwell wirkt schmerzlindernd, abschwellend und entzündungshemmend. In der Naturheilkunde wird er auch manchmal als „Arnika der Knochen" bezeichnet. Und tatsächlich geht sein botanischer Name *Symphytum* auf das griechische Wort für zusammenwachsen zurück. Er kümmert sich um Wunden, Gelenke, Bänder und Sehnen. Man könnte also sagen, der Beinwell macht die Gebeine *well* (englisch für gut). Verantwortlich dafür ist unter anderem der Inhaltsstoff Allantoin.

Da der Beinwell auch Stoffe wie Pyrrolizidinalkaloide enthält, ist eine innerliche Anwendung in größeren Mengen nicht ratsam. Diese Alkaloide wirken nämlich leberschädigend und krebserregend. Für die Pflanze selbst ist dieser Stoff allerdings recht wichtig, da er ihr als Schutz vor Fressfeinden dient. Schmetterlinge können daraus unter anderem Pheromone bilden, die ihnen als Botenstoff die Kommunikation mit anderen Schmetterlingen ermöglichen. So haben bestimmt viele flatternde Liebespaare mithilfe des Beinwells zusammengefunden. Eine Kuppelhilfe par excellence.

KLUGSCHEISSERWISSEN

Allantoin hilft beim Zellaufbau und bei der Zellerneuerung. Es dient nicht nur als Heilmittel, sondern auch häufig als Bestandteil in Kosmetika. Aus Beinwell lässt sich eine sehr gute Wund- und Sportsalbe herstellen. Allerdings sollte die Wurzel, die man dafür benötigt, bzw. das fertige Endprodukt nicht mit Metall in Berührung kommen, da sich sonst das Allantoin zersetzen kann. Also ist es empfehlenswert, die Wurzel mit einem Keramikmesser zu zerteilen und auch das fertige Produkt in einem Keramik- oder Glasbehälter aufzubewahren.

Trotz des straffen Sportprogramms achtet der Beinwell peinlich genau auf seine Körperhygiene. So wird man ihn nie mit muffigen Schweißgerüchen in Verbindung bringen können. Damit man das auch schon von Weitem erkennt, lässt er sich ganz einfach Blüten unter seinen Achseln wachsen. Genau genommen sind es die Blattachseln, aus denen die schönen Blüten kopfüber herauswachsen. Auch sonst ist unser Beinwell recht trendig unterwegs. Frisch rasiert wird man ihn nie zu Gesicht bekommen, immer bloß mit seinem borstigen Hipsterbart. Er ist so stolz darauf, dass er mit diesem Bart nicht nur sein Gesicht, sondern einfach ausnahmslos den ganzen Pflanzenkörper ziert.

Man erkennt die Familienzugehörigkeit zu den Raublattgewächsen unter anderem ganz leicht an den kleinen Borsten, die überall auf der Pflanze zu finden sind.

BEINWELL-ÖLAUSZUG

frische Beinwellwurzel (fingerdick) • Sonnenblumenöl

Die Wurzel des Beinwells entnimmst du am besten im Herbst, bei Vollmond oder abnehmendem Mond, und lässt sie dann einen Tag an der Luft etwas antrocknen. Danach schneidest du sie mit einem Keramikmesser in kleine Stücke, gibst diese in ein verschließbares Glas und füllst so viel Sonnenblumenöl ein, dass die Wurzelstücke gut bedeckt sind. Über die Glasöffnung spannst du mithilfe eines Gummibands einen dünnen Stoff, damit kein Staub hineinkommt, aber die Feuchtigkeit entweichen kann. Nach einem Mondzyklus (etwa 28 Tage) kannst du die Wurzelstücke abseihen. Das Öl kann bei Prellungen und Schmerzen aufgetragen oder zu einer Salbe weiterverarbeitet werden.

Ich für meinen Teil bin auf der Hut. Ich werde nie mehr so unbedacht oder beiläufig das böse U-Wort aussprechen. Der Beinwell mit seinen exzellent trainierten Muskeln mag es nämlich gar nicht, als Unkraut bezeichnet zu werden, und wartet nur darauf, irgendwelche Knochen knacken zu lassen.

Taschenwissen für die Kaffeepause
Arnika der Knochen
Sportverletzungen
Blattknacken

BERBERITZE
Berberis vulgaris

Die mürrische Schutzbeauftragte

Familie: Sauerdorngewächse
Nennenswerte Inhaltsstoffe: Vitamin C, ätherisches Öl
Anwendung: reinigend, vitaminspendend
Verwendete Pflanzenteile: Früchte

Als Pflanze und aktives Mitglied des Photosynthese-Clubs muss man sich manchmal so einiges gefallen lassen. Bei Wind und Wetter steht man draußen, man wird dann und wann als lästiges Unkraut beschimpft und manchmal werden sogar Teile von einem abgeschnitten, entführt und zum Sterben in eine edle Glasvase in den Hausflur gestellt. Dass man gelegentlich vom Nachbarshund angepinkelt wird, zählt dann wohl zu den etwas kleineren Übeln.
Da ist es absolut nachvollziehbar, wenn man mit dieser Gesamtsituation unzufrieden ist, ab und zu mal schlechte Laune hat und mürrisch zu allen ist. Der Berberitze geht das allerdings schon so lange gegen den Strich, dass sie grundsätzlich immer – Achtung, der kommt flach – sehr sauer ist.

Trotzdem ist sie ausgesprochen loyal und bietet allen Hilfesuchenden Schutz. Vielleicht zieht sie hierfür sogar etwas Kraft aus ihrer schlechten Laune. Die Berberitze dient nämlich als Nahrung, Versteck und vor allem Brutmöglichkeit für Vögel. Dank der zahlreichen Stacheln traut sich keine noch so mutige Katze in den Strauch, um Küken zu fressen. Doch auch zu Hause sorgt sie für Sicherheit und Schutz. Steht sie etwa direkt unter einem Fenster, macht sie es ungebetenen Gästen

Taschenwissen für die Kaffeepause
Zitrone des Nordens
drei Stacheln
Schutz für Vögel

etwas schwer, ins Haus zu kommen. Traut sich doch einer in ihre Nähe, sticht sie ihn richtig fest und ganz gekonnt in seinen diebischen Hintern. So wird die Berberitze auch gerne als mürrische Schutzbeauftragte der Pflanzenwelt bezeichnet.

Berberitzen sind auch beliebte Lustigmacher. Zugegeben, das klingt etwas widersprüchlich angesichts ihres sauertöpfischen Gemüts. So wird etwa das Sprichwort „Sauer macht lustig" auf die ursprüngliche Form von „Sauer macht gelüstig" zurückgeführt. Säuren sollen den Appetit anregen. Und wer einen guten Appetit hat, dem geht es (wieder) gut. Das Wohlbefinden hat sich wieder eingestellt, die Laune etwas gehoben, und man ist erneut lustig. So entstand diese Redewendung.

Die Früchte sind das Einzige, was ich von dieser Pflanze verwende. Alle anderen Teile sind leicht giftig, auch wenn vor allem der Rinde eine positive Wirkung auf die Leber nachgesagt wird. Es gibt hierfür jedoch eindeutig wirksamere Pflanzen ganz ohne bedenkliche Inhaltsstoffe. Doch bitte haltet euch beim Sammeln etwas zurück und lasst auch mal die eine oder andere rote Frucht stehen bzw. hängen. Sie dienen nämlich im Winter als gute und leicht zu ergatternde Nahrungsquelle für hungrige Vögel.

Dort, wo an den Ästen die Blätter entsprießen, findet man fast immer drei Stacheln. Das ist auch im Winter ein gutes Erkennungsmerkmal für den Strauch. Diese Stacheln dienen der Berberitze als Schutz vor Tieren, die sie zum Fressen gernhaben.

KLUGSCHEISSERWISSEN

Die leuchtend roten Berberitzen sind recht sauer, weshalb man sie auch gerne als „Zitronen des Nordens" bezeichnet. Um den im Moment gehypten Goji-Beeren eine lange Überfahrt aus Asien bei schlechter Haltung in engen Käfigen zu ersparen, nimmt man einfach Berberitzen für die morgendliche Porridge-Bowl. Berberitzen enthalten nicht nur viele Mineralien und einige Antioxidantien, sondern auch noch etwas mehr Vitamin C als Goji-Beeren.

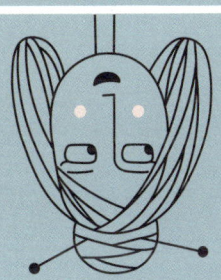

REGENBOGEN-FRÜHSTÜCKS-BOWL

Joghurt oder Porridge • Blaubeeren • Kiwistücke • Apfelstücke • Physalis • Berberitzen • Kokosflocken • Walnüsse

In deine Frühstücks-Schüssel gibst du etwas Joghurt (oder Porridge) und verteilst darauf verschiedene Früchte, Nüsse und Beeren. Welche Farbkreationen du dabei entstehen lässt, ist deiner Fantasie überlassen. Umrandet wird das Kunstwerk von einigen Kokosflocken und gehackten Walnüssen. Wer so in den Tag startet, kann nur gute Laune haben. Sogar montags.

Ich für meinen Teil werde mich nun mit der hochwertigsten Brennnesseljauche bei der Berberitze vor meinem Haus bedanken. Sie hat nämlich zum wiederholten Male verhindert, dass ungebetene Gäste bei mir übers Fenster einsteigen konnten. Doch hoffentlich lädt sie mich nicht ein, ein Gläschen dieses Pflanzen-Champagners mitzutrinken.

7 ↶

BERUFKRAUT
Erigeron annuus

Der geborene Frührentner

Familie: Korbblütler
Nennenswerte Inhaltsstoffe: Bitterstoffe
Anwendung: entzündungshemmend
Verwendete Pflanzenteile: Blätter, Blüten

Ganz im Gegensatz zu unserem Workaholic, dem Beifuß, ist das Berufkraut ein echter Frührentner. Kaum ist es auf der Welt, geht es schon gefühlt in Rente. Wer jetzt denkt, das Berufkraut hätte etwas mit Beruf – also Arbeit oder Job – zu tun, den oder die muss ich leider enttäuschen. Die Pflanze wächst nicht aus beruflichen Gründen dort, wo man sie gerade sieht. Und sie wird mit Sicherheit auch von niemandem dafür bezahlt, dass sie an sonnigen Plätzen herumsteht und Photosynthese betreibt. Das wäre mehr als unfair gegenüber den anderen Gewächsen. Man stelle sich nur vor, welche Empörung das in der Pflanzenwelt auslösen würde.

Das Kräutlein, so sagte man einst, ist „berufen", Gutes zu tun. Berufen ist anderes Wort für verhexen. Das Berufkraut sollte also vor gemeinen und bösen Flüchen schützen. Um auch heutzutage ganz sicherzugehen, ist es sehr ratsam, sich einen Berufkraut-Talisman umzuhängen. Vielleicht ist die böse alte Nachbarin ja doch in der Lage, den einen oder anderen Fluch auszusprechen. Die Griechen hatten allerdings eine etwas andere Sicht auf die Blume. Der botanische Name

Erigeron kommt nämlich aus dem Griechischen und bedeutet in etwa „der frühe Greis". Denn ziemlich bald nach der Blüte erscheinen seine grauen Haare, die seine Früchte darstellen. Es wirkt ganz so, als ob sich die Pflanze mit der Arbeit recht beeilen würde, um verfrüht in den Ruhestand gehen zu können. Wer kann es ihr verdenken?
Als Heilpflanze ist der Feinstrahl trotz seines Gehalts an wohltuenden Bitterstoffen oder Flavonoiden nicht ganz so spektakulär. Daher verwende ich das Berufkraut in Tees meist in Kombination mit anderen Kräutern.

Die Blüten dieser Pflanze könnte man fast mit denen des Gänseblümchens verwechseln. Sie sind aber wesentlich filigraner, weswegen die Pflanze auch oft und gerne Feinstrahl genannt wird.

Taschenwissen für die Kaffeepause
botanischer Name, weil die Blüte schnell verblüht
braucht keine Bestäuber
altes Schutzkraut

KLUGSCHEISSERWISSEN

Der Blütenkopf zeigt bis zu 125 weiße Zungenblüten. Diese bildet das Berufkraut nicht etwa, um Insekten anzulocken, sondern eher, um sich selbst einfach schön zu finden. Es ist nämlich nicht auf die Hilfe von Bestäubern angewiesen. Diese selbstständige Pflanze kann sich nämlich asexuell vermehren und muss deshalb auch nicht für Bienen und Hummeln attraktiv sein. Mit ihren Samen – bis zu 25.000! – sichert sie sich ihr Weiterleben ganz ohne fremdes Zutun.

BLUMIGE HAUSTEEMISCHUNG

30 g Taubnesselkraut • 20 g Berufkraut • 20 g Rotkleeblüten • 10 g Kornblume • 10 g Ringelblumenblüten • 10 g Melisse

Die Mischung übergießt du mit heißem Wasser und lässt sie etwa 10 Minuten zugedeckt ziehen.

Ich für meinen Teil versuche nun so schnell wie möglich all meine Arbeiten zu erledigen, um es dann dem Berufkraut gleichzutun und endlich in Frührente zu gehen.

KLEINE BIBERNELLE

Pimpinella saxifraga

Der stinkige Bock mit den vielen Namen

Familie: Doldenblütler
Nennenswerte Inhaltsstoffe: ätherisches Öl, Bitterstoffe, Gerbstoffe, Cumarine
Anwendung: verdauungsfördernd, befreit die Atemwege, bei Heiserkeit, Arterienverkalkung, Magenverstimmung
Verwendete Pflanzenteile: Wurzel

In der Natur und Pflanzenwelt geht es meist duftend zu. Die Rosen, der Lavendel, auch die Melisse und die Minze parfümieren unsere schöne Welt mit den edelsten Wohlgerüchen und locken nicht nur Insekten an, sondern auch die eine oder andere krumme Menschennase. Wenn es gut riecht, fühlen sich die meisten Kräuter und Blumen dafür verantwortlich. Alle wollen es auf ihrem Konto verbuchen, wenn ein einfach gestricktes Menschenwesen plötzlich stehen bleibt und mit großem Genuss versucht, den betörenden Duft in sich einzusaugen.

Doch wehe, es stinkt. Dann ist es mal wieder niemand gewesen, und die Schuld an diesem Übel wird schnellstmöglich anderen in die Wurzel oder Blüte geschoben. Die Kleine Bibernelle macht da wohl keine Ausnahme.

Taschenwissen für die Kaffeepause
Bockwurz
Hustenmittel
pfeffriger Geschmack

Schneidet man ihre Wurzel auseinander, rächt sie sich mit heftigen olfaktorischen Beleidigungen. Es riecht dann plötzlich recht unangenehm nach Ziegenbock und Stall. Sie sorgt ganz selbstverständlich für Verwirrung, indem sie sich für eine andere Pflanze ausgibt. Meistens nennt sie sich dann Pimpinelle oder auch Pimpernell. Die hinterlistige Bibernelle nutzt es also zu ihrem Vorteil, dass auch der kleine Wiesenknopf so genannt wird. Unwissende verbreiten somit das rufschädigende Halbwissen, dass die Pimpinelle diese alte Stinkmorchel sei. Der kleine Wiesenknopf ist darüber natürlich nicht ganz so erfreut. Zur Erklärung: Er sieht ganz anders aus und wird zudem den Rosengewächsen zugeordnet. Aber das Namenswirrwarr führt immer wieder zu Verwechslungen. Redet man also von der Pimpinelle oder Pimpernelle, kann man nie hundertprozentig sicher sein, wer gemeint ist.

So schwindelt sich die Kleine Bibernelle ganz bewusst durch ihr Pflanzenleben. Zugegeben, es ist keine schlechte Idee dieses gewieften Schlitzohrs. Wer will denn schon verantwortlich sein, wenn es nach altem Ziegenbock riecht? Außer man ist vielleicht wirklich ein alter Ziegenbock …

Im Mittelalter wusste man diesen unangenehmen Geruch doch noch etwas mehr zu schätzen. Der Gestank dieser Bockwurz sollte nämlich Krankheiten vertreiben. Doch der Wurzel wurden auch noch andere Wohltaten zugeschrieben. So empfiehlt der Volksmund: „Iss Kranewitt und Bibernell, dann stirbst du net so schnell." Sehr beliebt war und ist die Pflanze bei Husten und Heiserkeit. Die schleimlösende und auswurffördernde Wirkung ist beachtlich. Doch auch auf die Arterien wirkt sie wie eine Art Rohrreiniger. Man sagt ihr so einige gefäßschützende Eigenschaften nach.

Das Blatt des kleinen Wiesenknopfs

BIBERHONIG

2 fingerdicke Bibernellenwurzeln • (Fichten-)Honig

Du reinigst die Wurzel nach dem Ausgraben gut mit Wasser und eventuell einer Bürste. Wenn das erledigt ist, geht's ans Schneiden: Die Stücke sollten in etwa so groß sein, dass ein Mixer sie – sobald sie ganz trocken sind – zu Pulver zerkleinern kann. Zum Einnehmen mischst du dann dieses Pulver 1 : 1 mit hochwertigem (Fichten-)Honig. Natürlich kann es auch pur oder mit etwas Wasser geschluckt werden.

Ich für meinen Teil muss mir jetzt erst mal sehr gründlich die Hände waschen und schrubben, damit man sie und vor allem mich nicht aus Versehen noch mit der Bibernelle verwechselt. Das hat oberste Priorität, denn ich kann den „bockigen" Geruch leider auf niemand anderen schieben.

KLUGSCHEISSERWISSEN

Laut den Sprachforschern geht der Name Bibernelle auf das lateinische *piper* zurück und bedeutet so viel wie Pfeffer. Wer ein Stück dieser recht stark riechenden Wurzel schon einmal probiert hat, kann den pfeffrig-scharfen Geschmack durchaus bestätigen.
Der botanische Name *saxifraga* wird meist mit Steinbrecher übersetzt. Da die Kleine Bibernelle auch gerne an steinigen Orten oder sogar in Felsspalten wächst, ist auch der Name Steinbrech-Bibernelle ganz gut gewählt.

BLUTWURZ
Potentilla erecta

Die Dramaqueen mit Superpower

Familie: Rosengewächse
Nennenswerte Inhaltsstoffe: Gerbstoffe, ätherische Öle
Anwendung: blutstillend, stopfend, krampflösend
Verwendete Pflanzenteile: Wurzel

Die meisten *Potentilla*-Arten (Fingerkräuter) brüsten sich mit ihren herrlich gelben Blütenblättern. Es sind ganze fünf an der Zahl. Sie werden hergezeigt, als ob es königliche Kronen mit fünf echten und ganz seltenen Edelsteinen wären. Da hat die Blutwurz leider das Nachsehen: Sie wurde nur mit vier davon ausgestattet. Eine recht geschwätzige Gundelrebe hat mal erzählt, dass die Blutwurz dafür ganz oft ausgelacht und verspottet wird. Sie ist sozusagen das hässliche Entlein und das schwarze Schaf unter den Fingerkräutern.

Doch dafür, und das ist den gemeinen anderen Pflanzen wohl nicht bewusst, besitzt sie eine Vielzahl an Gerbstoffen. Sie hat sie tief unten in der Erde in ihren Wurzeln versteckt. Glatte 20 Prozent sind es, oft auch mehr. Das soll erst mal eine nachmachen. Hut ab! Allein dafür hätte sie schon ein zusätzliches Blütenblatt verdient.

Teilt man ein Stück Blutwurzwurzel mit einem Messer ab, so färbt sich die Schnittstelle rötlich. Als alte Dramaqueen möchte uns die Blutwurz glauben lassen, dass sie nun an dem kleinen Schnitt verblutet. Doch keine Angst, das stimmt nicht.

Taschenwissen für die Kaffeepause
nur vier Blütenblätter
gerbstoffreich
rote Schnittstelle

41

Es ist also nicht nötig, mit lautem Tatütata in die Klinik zu rauschen. Verantwortlich für dieses blutige Schauspiel ist der rote Farbstoff Tormentol, ein wichtiger Inhaltsstoff.

Gerbstoffe wirken verdichtend auf allerlei Gewebe. So wurden sie früher zum Gerben von Tierhäuten eingesetzt. Da sie aber auch die Schleimhäute im Körper verdichten, können sie leider auch die Aufnahme von Medikamenten etwas verzögern. Also denkt daran, diese mit einem Abstand von mindestens einer Stunde einzunehmen.

KLUGSCHEISSERWISSEN

Insgesamt sind die Gerbstoffe das Wichtigste, was die Blutwurz vorzuweisen hat.
Sie ziehen und verdichten die Haut bzw. Schleimhaut und wirken dadurch entzündungshemmend und blutstillend. Ganz hilfreich ist dies bei Zahnfleischbluten oder nach dem Entfernen der Weisheitszähne. Hier kann man etwas lauwarmen Tee oder die Tinktur mehrmals am Tag als Mundspülung nutzen. Auch bei Durchfall kann das Zusammenziehen der Darmschleimhaut vor einer Dehydrierung schützen. Die Blutwurz ist ein sehr verträgliches Mittel zur Behandlung von akuten und chronischen Darmentzündungen.
Die Gerbstoffe können aber noch mehr: Der Aufbau der Schutzschicht erschwert es den Bakterien und Viren, über die Schleimhaut in den Körper einzudringen.

Zudem können sehr empfindliche Menschen mit leichten Magenschmerzen reagieren, wenn zum Beispiel zu viel vom Blutwurztee getrunken wurde. Als Faustregel gilt: Bei einer Dosierung von 3 g fein geschnittener Wurzel pro Tasse können 2 Tassen Blutwurztee ohne Probleme getrunken werden.

Die große Heilkraft der Blutwurz ist schon lange bekannt. So bedeutet der botanische Name *Potentilla* so viel wie mächtig. Die Wurzel konnte als Amulett getragen werden, um das Böse fernzuhalten. Dem Kräutlein selbst hat das anscheinend nicht geholfen. Es geht nämlich schon sehr lange das Gerücht um, dass der Teufel alle sieben Jahre vorbeikommt, um ein wenig an der Wurzel zu knabbern. Tatsächlich sieht sie schon etwas angefressen aus, doch glücklicherweise ragt die Wurzel bis zu 50 cm in den Boden, damit der Beelzebub nicht ganz an die Oberfläche muss.

BLUTIGER MAGENÖFFNER

3 fingerdicke Blutwurzwurzeln • 20 g Rohrzucker • Wodka

Die fein geschnittenen Wurzeln gibst du mit etwas Rohrzucker (Experimentierfreudige können auch Vanillezucker nehmen) in ein Schraubglas und bedeckst alles gut mit Wodka. Diese Mischung bleibt nun mindestens einen Mondzyklus (etwa 28 Tage lang) stehen, gerne auch länger, wobei du sie einmal täglich schütteln sollst. Nach dieser Schonfrist kannst du die Wurzeln abfiltern und ein Schlückchen des Likörs etwa eine halbe Stunde vor dem Essen genießen.

Kleiner Tipp: Blutwurzlikör auf Eis mit Gingerale aufspritzen! So lecker, dass manchmal fast das nachfolgende Essen vergessen wird.

Ich für meinen Teil mache mich nun auf den Weg, der Dramaqueen ein Stück Wurzel zu stehlen, und hoffe, nicht auf den Beelzebub zu treffen, der gerade an ihr herumnagt.

BRAUNELLE
Prunella vulgaris

Das ultimative Gesangstalent

Familie: Lippenblütler
Nennenswerte Inhaltsstoffe: Lamiaceengerbstoffe, ätherische Öle
Anwendung: bei Halsschmerzen, blutstillend, antibiotisch
Verwendete Pflanzenteile: Kraut

Manche Menschen wissen ständig über alles und jeden Bescheid. Oder zumindest glauben sie das. Kein noch so gut gehütetes Geheimnis entgeht ihnen und Klatsch wird mit großen Gerüchteohren freudig gehört und aufgenommen. Denen traut man tatsächlich zu, dass sie das Gras wachsen hören. Theoretisch müssten sie dann auch in der Lage sein, Bäume flüstern und Blumen singen zu hören. Wie würde sich das wohl anhören?

Das zarte Gänseblümchen zum Beispiel wäre mit Sicherheit ein skandalfreies Popsternchen mit zahlreichen Mainstream-Hits. Das Almröschen müsste hingegen ein beliebter Schlagerstar sein, der gut und gerne den einen oder anderen Mallorcahit zum Mitgrölen trällern kann. Die coolen Brennnesseln dagegen würden erstklassige Rock-Konzerte liefern und auf jedem Festival zu den Headlinern zählen. Wenn ich so darüber nachdenke, kann ich die blumigen und krautigen Singstimmen in meinem Kopf fast schon hören.

Die Braunellen spielen mit Sicherheit eine große Rolle in der pflanzlichen Musikszene. Sie sind sogar dazu prädestiniert,

Taschenwissen für die Kaffeepause
Name von Rachenbräune
Lamiaceengerbstoffe
Bienenweide

einzigartige Musikerinnen zu sein. Da sie auch als Sängerkraut bekannt sind, liegen Rhythmus und Taktgefühl schon in ihren Genen. Sie sind meist in Gruppen anzutreffen und ziehen daher als die Girlgroup der Kräuterwelt in verschiedenen Gärten umher. Und falls es Stimmprobleme und kratzende Halsschmerzen gibt, sind sie sofort hilfreich zur Stelle. Sie enthalten nämlich Gerbstoffe (bei Lippenblütlern heißen sie Lamiaceengerbstoffe), die Halsschmerzen vorbeugen, diese lindern und manchmal sogar verhindern können. Die Wirkung dieser einfachen Gerbstoffe ist zwar nicht sehr stark, aber dafür sind sie umso verträglicher.

Die Braunelle ist nicht nur bei den Bienen äußerst beliebt, sondern auch eine wunderschöne Augenweide. Sie besitzt wie alle Lippenblütler eine Ober- und eine Unterlippe. Bei näherer Betrachtung kann man jedoch feststellen, dass die Unterlippe dreigeteilt ist und der größere Teil in der Mitte auch fast immer einen gesägten Blütenrand besitzt.
Der perfekte Landeplatz für etwaige Bestäuberinsekten.

KLUGSCHEISSERWISSEN

Der botanische Name *Prunella* soll (wie auch der deutsche Name Braunelle) auf das Wort Bräune zurückgehen. Man meinte damit eine Infektionskrankheit namens Diphtherie, die auch als Rachenbräune bekannt war. Diese Krankheit wurde früher auch sehr gerne mit der Braunelle behandelt.

HALSSCHMEICHLERTINKTUR

1 Handvoll Braunellenkraut • Wodka

Gib das Braunellenkraut in ein verschließbares Glas und fülle so viel Wodka ein, dass das Kraut bedeckt ist. Dann lässt du das Glas verschlossen einen Mondzyklus (etwa 28 Tage) lang stehen, schüttelst es aber einmal täglich. Anschließend kannst du das Kraut abfiltern, und die Tinktur ist einsatzbereit. Bei Bedarf werden mehrmals am Tag 15–20 Tropfen mit einem Schluck Wasser gemischt und getrunken.

Ich für meinen Teil gehe jetzt den Rasen mähen. Nicht dass da draußen noch irgendeine Kräuterband einen Spontanauftritt gibt und dann plötzlich hinterm Gartenzaun große, neugierige Ohren auftauchen, die alle meine Geheimnisse aufdecken.

BRENNNESSEL
Urtica dioica

Das streitlustige Ehepaar

Familie: Nesselgewächse
Nennenswerte Inhaltsstoffe: Eisen, Vitamin C, Kieselsäure,
Anwendung: entwässernd, entgiftend, entsäuernd, als Frühjahrskur, bei Rheuma, Gicht
Verwendete Pflanzenteile: Blätter, Wurzeln, Samen

Wer kennt sie nicht, die ewig nervige Brennnessel? Sie kommt gefühlt überall vor und übertreibt es mit ihrer ständigen Streitlust und der unnachgiebigen Kampfbereitschaft. Man muss ihr gar nichts antun, um ihr brennendes und juckendes Gift abzukriegen. Schon im Vorbeigehen schießt sie erbarmungslos mit ihren kaum wahrnehmbaren Pfeilen um sich. Dabei bin ich mir ganz sicher, dass sie einem manchmal ihre boshaften Substanzen injiziert, ohne auch nur im Geringsten berührt worden zu sein. Einfach so, weil sie es kann. Es ist daher also kein Wunder, dass sie nicht bei allen beliebt ist.

Was viele nicht wissen: Nicht alle Haare der Pflanze brennen. Sie verfügt nämlich auch über ganz „normale" Pflanzenhaare. Beide Arten von Behaarung dienen dem Schutz vor Fressfeinden. Die Brennhaare sind allerdings länger, damit sie schneller zum Einsatz kommen und so unschuldige Spaziergänger triezen können.

Taschenwissen für die Kaffeepause
männliche und weibliche Brennnesseln
Brennhaare wie kleine Injektionsnadeln
Eiseneinschleuserin

49

Die Brennnessel ist eine zweihäusige Pflanze. Das bedeutet, dass weibliche und männliche Blüten auf zwei verschiedenen Pflanzen wohnen. Es gibt, wenn man so will, eine Frau Brennnessel und einen Herrn Brennnessel. Vielleicht sind sie sogar verheiratet.

Die weibliche Brennnessel erkennt man am besten, wenn sie den Fruchtstand gebildet hat. Diese Nüsschen (so werden ihre Früchte genannt) wiegen mehr als die männlichen Blüten und hängen deshalb hinab. Mich erinnert das sehr an den ausladenden Reifrock eines Barockkleides. Beim Herrn Brennnessel, der in seinen Blüten die leichteren Pollen trägt, steht der Blütenstand eher waagerecht.

KLUGSCHEISSERWISSEN

Die meisten Brennhaare sitzen an der Blattoberfläche. Sie sind vergleichbar mit kleinen Röhren, die mit der Brennflüssigkeit befüllt sind. Man kann sich das wie eine Art Spritze vorstellen.

Streift man die Pflanze, so brechen die Härchen an der vorgesehenen Sollbruchstelle ab, dringen in die Haut ein und injizieren die Flüssigkeit.

Diese enthält unter anderem Ameisensäure, Histamin und Acetylcholin. Vereinfacht gesagt: Die Ameisensäure reizt die Haut, Histamin dient der Gefäßerweiterung, und der Neurotransmitter Acetylcholin ist hauptsächlich für das Jucken und den Schmerz verantwortlich. Dieses Gemisch wirkt innerhalb Sekunden. Etwas Linderung verschafft ein Spitzwegerichblatt. Es wird zerrieben, bis der Saft austritt, und diesen tupft man dann auf die betroffene Stelle. Bei einer großflächigen Quaddelbildung hilft mildes, lauwarmes Seifenwasser.

Doch die Brennnessel ist nicht nur böse, sondern hat ganz im Gegenteil einige sehr gute Eigenschaften.
Brennnesselsamen bzw. die sogenannten Nüsschen werden unter anderem als natürliches Viagra bezeichnet. Sie wirken kräftigend und stärkend. Auch nach längerer Krankheit oder einer Grippe wirken sie aufbauend und helfen, schneller wieder auf die Beine zu kommen.
Übrigens enthalten Brennnesseln nicht nur selbst Eisen in ihren Blättern, sondern gelten auch als Einschleuserpflanzen dafür. Am besten gelingt das in Kombination mit einigen Bitterstoffen und reichlich Vitamin C.

BRENNNESSEL-HUMMUS-AUFSTRICH

1 Dose Kichererbsen • 1 EL Sesampaste (Tahini) • Salz, Pfeffer, Knoblauch • frischer Zitronensaft • ganz junge, frische Brennnesseltriebe

Du gibst die Kichererbsen samt der Flüssigkeit mit der Sesampaste, Salz, Pfeffer, Knoblauch und Zitronensaft in den Mixer und mixt das Ganze, bis eine glatte und cremige Masse entstanden ist. Der fast fertige Hummus kommt in eine Schale, und als letzten Schritt mischst du die ganz klein geschnittenen Brennnesseltriebe unter. Wer mag, kann den Hummus noch mit einem kleinen Schwenker Olivenöl verfeinern. Der Aufstrich passt aufs Brot, zu Gemüse oder in Wraps. Mahlzeit.

Ich für meinen Teil lasse mich nicht mehr von dem streitlustigen Brennnessel-Ehepaar schikanieren. Sollten sie meine gut gemeinte Warnung ignorieren und mich trotzdem nochmals hinterlistig anfallen, dann werden sie zu Brennnesseljauche für meinen Blumengarten verarbeitet.

ROTBUCHE
Fagus sylvatica

Die Frau Oberlehrerin

Familie: Buchengewächse
Nennenswerte Inhaltsstoffe: Gerbstoffe, Vitamin C
Anwendung: Wildsalat, entzündungshemmend
Verwendete Pflanzenteile: Blätter

Wer lesen kann, ist klar im Vorteil. Genau diesen Satz höre ich immer, wenn ich mich mal wieder zum Affen mache, indem ich an einer Tür ziehe, obwohl ganz klar und in riesigen Großbuchstaben „DRÜCKEN" draufsteht. So was kann ich verdammt gut. Apropos Lesen und Buchstaben …

KLUGSCHEISSERWISSEN

Einst verschaffte man sich einen Blick in die Zukunft, indem man Runen legte. Das sind bestimmte germanische Schriftzeichen, die in kleine Stäbe aus Buchenholz geritzt wurden. Jetzt klingelt's, nicht wahr? Genau, die Schriftzeichen auf den Buchenstäben sind die Vorfahren unserer Buchstaben, auch wenn man auf Anhieb keine große Ähnlichkeit mehr feststellen kann. Aber man könnte fast sagen, dass es die Buche war, die uns das Schreiben und Lesen beigebracht hat.

Von den Bäumen, die ich kenne, ist die Buche der einzige, der ganz lange, schmale und spitze Knospen bildet, auf denen immer gut erkennbare Schuppen sitzen. Mich erinnern diese Knospen an den alten Lehrerstock oder den erhobenen Zeigefinger, wenn ich mal wieder Schabernack getrieben habe.

Zudem kann die Buche recht schwer loslassen. Das merkt man daran, dass sie sich im Herbst nicht immer von allen Blättern trennen mag. So trägt sie manche von den schon ganz braunen Blättern den ganzen Winter über. Die frischen, jungen Blätter im Frühling erkennt man am leicht gewellten Blattrand und den weichen Härchen darauf. Sie sind ein wunderbarer Snack beim Spazierengehen.

Die Früchte sind die dreikantigen Bucheckern. Es handelt sich dabei um sogenannte Nüsse, die auch leicht giftige Stoffe enthalten. Deshalb ist es ratsam, die Bucheckern nicht roh zu verzehren, sondern in der Pfanne etwas anzurösten.
Nach einem heißen und recht trockenen Sommer werden außergewöhnlich viele Bucheckern gebildet. Man nennt diese Jahre auch Mastjahre. Intelligent, wie sie als Naturlehrerin ist, macht die Buche das aber nicht jedes Jahr. Das würde sie viel zu viel Kraft kosten. Die Population so mancher Tierart (Mäuse, Eichhörnchen) würde wegen des reichlichen Futterangebotes steigen. Die mühevolle Arbeit der Buche wäre damit umsonst. Also bildet sie den großen Überschuss immer nur dann, wenn es um ihr Überleben geht.

In der Knospentherapie (Gemmotherapie) geht man von einer antiallergischen und cholesterinsenkenden Wirkung der Buche aus. Die Bachblütentherapie verwendet sie als Toleranzblüte, wenn man überempfindlich und mit wenig Einfühlungsvermögen auf die Mitmenschen und die unmittelbare Umgebung reagiert.

Alles in allem ist die Buche auch in diesem knospigen Stadium einfach zu erkennen.

FRÜHLINGS-SALAT

junge Buchenblätter • Vogerlsalat • Gundermannblätter • Vogelmiere • Erdbeeren • Kirschtomaten

Als Salatgrundlage dienen frische, hellgrüne Buchenblätter. Dazu mischt man am besten noch ein wenig Vogerlsalat, Gundermannblätter, etwas Vogelmiere, einige klein geschnittene Erdbeeren und so viele Kirschtomaten, wie man mag. Der Salat wird mit Olivenöl, Salz, Pfeffer und Zitronensaft abgeschmeckt. Mahlzeit.

Ich für meinen Teil widme mich den aufgegebenen Leseübungen, damit ich mich vor einfachen Türen nicht mehr zum Affen mache und die Frau Buchenlehrerin sich nicht mehr für mich schämen muss.

Taschenwissen für die Kaffeepause
das Wort Buchstaben kommt von den Schriftzeichen auf Buchenstäben
einziger Baum mit langen, spitzen Knospen
behaarter Blattrand

13

EBERESCHE
Sorbus aucuparia

Ärzteschreck und Vogelfreundin

Familie: Rosengewächse
Nennenswerte Inhaltsstoffe: Vitamin C, Parasorbinsäure, Gerbstoffe
Anwendung: ausscheidend
Verwendete Pflanzenteile: Früchte, Blätter, Blüten

„An apple a day keeps the doctor away."
Dieser wohlmeinende Rat wird einem dann und wann recht gerne um die Ohren gehauen. Und das natürlich immer ungefragt. Es muss ja anscheinend auch wirklich was dran sein, so oft wie der Apfel und der Doktor zusammen erwähnt werden. Möglicherweise ist das alles nur ein ausgeklügelter Marketingplan der Apfelmafia. Oder gar nur ein Mythos?

Nun ja. Beobachtet man so manchen Vogel im Herbst, scheint er diesen Spruch nicht nur zu kennen, sondern auch sehr gewissenhaft zu beherzigen. Bei den roten Früchten der Eberesche wird auch gerne mehrmals beherzt mit dem Vogelschnabel zugepickt. Man nennt diese Früchte nicht umsonst auch Vogelbeeren. Wobei man hier sofort eines klarstellen muss: Die Früchte der Eberesche sind entgegen der weitläufigen Meinung keine Beeren. Sie fallen in die Kategorie des Kernobstes. Und wenn man sie ganz genau betrachtet, kann man eine große Ähnlichkeit mit einem sehr kleinen Apfel feststellen. Vogelbeeren sind also Apfelfrüchte bzw. Miniäpfel. Und tatsächlich gehören beide derselben Familie an, sie sind

Taschenwissen für die Kaffeepause
Vogelbeeren sind nicht giftig
Miniapfel
minderwertige Esche

Rosengewächse. Also könnte an diesem Apfelhinweis wirklich etwas dran sein. Sehr beliebt sind die Vogelbeeren bei einigen Drosselarten. Daher nennt man die Früchte auch ab und zu Drosselbeeren. Insgesamt scheint man Vögeln eine abnorme Vorliebe für die Eberesche zuzuschreiben. Das bezeugt auch der botanische Name *aucuparia*. Er bedeutet nichts anderes als Vogelfängerin. Tatsächlich wurden die roten Früchte von Vogelfängern als Köder benutzt, um Vögel in die Fallen zu locken.

So beliebt die Eberesche auch bei Vögeln sein mag, so lieblos ging der Mensch mit ihr um. Die Blätter dieses Baumes erinnern entfernt an die der Gemeinen Esche. Man bezeichnete

Die Ähnlichkeit der Vogelbeeren mit sehr kleinen Äpfeln ist unverkennbar.

KLUGSCHEISSERWISSEN

Der Mythos, Vogelbeeren seien giftig für den Menschen, hält sich hartnäckig. Das stimmt so aber nicht. Die Beeren enthalten den Stoff Parasorbinsäure, der beim Verzehr im rohen Zustand Durchfall und Erbrechen hervorrufen kann. Sie sind also nicht wirklich giftig, sondern allenfalls schwer verträglich. Werden die Beeren jedoch gekocht oder getrocknet, verflüchtigt sich dieser Stoff. Man kann sie dann ganz unbedenklich genießen. Wahrscheinlich wollten sehr fürsorgliche Eltern ihre Kinder mit dieser kleinen Notlüge einfach nur vor dem Verzehr warnen.

sie daher als Eberesche, als minderwertige Esche. Meiner Meinung nach eine recht unverschämte Bezeichnung. Man schrieb ihr einfach nicht die Kraft der echten Esche zu.

Tragen Ebereschen im Herbst viele Beeren, so folgt ein schneereicher und langer Winter. Es scheint fast so, als ob diese Bäume das als Erste und Einzige im Voraus wüssten. Da sie ein so großes Herz für ihre fliegenden Freunde in sich tragen, produzieren sie dann extra viele Früchte, damit kein Vögelchen im Winter verhungert. Ganz so minderwertig kann die Eberesche also doch nicht sein.

Als Baum ist sie dem germanischen Gott Thor geweiht. Dieser soll das Haus vor Unwettern und Blitzen schützen. Als Amulett getragen, schützt das Holz der Eberesche vor bösen Geistern. Den Blättern der Eberesche schreibt man eine Schutzfunktion auf körperlicher Ebene zu. Sie können die Ausscheidung unterstützen, und man verwendete sie deshalb vor allem gegen Gicht und Rheuma.

VOGELBEERMUS

2 Handvoll Vogelbeeren • 1 Apfel • Zucker

Die Vogelbeeren kochst du mit einem geschälten und klein geschnittenen Apfel und ein wenig Wasser weich und streichst alles durch ein Sieb. Die Masse kochst du nochmals mit derselben Menge Zucker auf, bis sich dieser aufgelöst hat. Nun kannst du sie noch heiß in Gläser füllen. Das Mus eignet sich hervorragend als Füllung für Kuchen oder Muffins.

Ich für meinen Teil gehe mich nun mit ein paar Vögeln um die Miniäpfel streiten. Und sollten diese nicht den erwünschten gesundheitlichen Effekt erbringen, kann ich den Doktor immer noch damit bewerfen. Das hält ihn wahrscheinlich auch fern.

14

EHRENPREIS
Veronica

Der untreue Schönling

Familie: Wegerichgewächse
Nennenswerte Inhaltsstoffe: Gerbstoffe, Aucubin
Anwendung: trockener Husten, blutreinigend, unterstützend bei Gedächtnisschwäche
Verwendete Pflanzenteile: Kraut

Wenngleich ich meine Körpergröße selbst sehr passabel finde, werde ich von vielen Leuten unverschämterweise als klein bezeichnet. Was jedoch totaler Quatsch ist. Ich bin nicht klein, ich bin bloß nicht „so groß". Delikatessen sind nun mal nicht größer und auch unter den Pflanzen wachsen manche langsamer als andere. Wie lautet dieser alte Spruch noch gleich? Es kommt nicht immer auf die Größe an. Grundsätzlich kann ich dem vollkommen zustimmen, in einem einzigen Punkt muss ich jedoch vehement widersprechen. Ich rede von den Blütenblättern des Ehrenpreises.

Im Mittelalter war der Waldehrenpreis eine mächtige Pflanze, die bei allerlei Krankheiten eingesetzt wurde. Sie war ein sehr effektives Heilmittel, das einzig wahre. Aus *vera unica* (italienisch für „die einzig Wahre") könnte also – zu später Stunde in einer geselligen Taverne – *Veronica* geworden sein. Schon war der Name für dieses besondere Blümchen geboren.

Taschenwissen für die Kaffeepause
drei große und ein kleines Blütenblatt
Männertreu
Veronica = *vera unica*

Klugscheißerwissen Kräuter

KLUGSCHEISSERWISSEN

Es gibt mehrere Ehrenpreisarten. Meist unterscheiden sie sich etwas im Wachstum und in der Blattform. Doch eines haben alle gemeinsam: Pro Blütenköpfchen bilden sie jeweils vier (meist blaue) Blütenblätter. Auf einen einzigen Blick kann man so schnell herausfinden, ob es sich tatsächlich um den Ehrenpreis handelt oder nicht. Trägt die Pflanze drei gleich große Blütenblätter und ein etwas kleineres, dann ist es mit ganz großer Sicherheit die coole Veronica.

Andere nannten den Ehrenpreis auch Gewitterblümchen. So war man fest davon überzeugt, dass ein vermehrtes Auftreten dieses Kräutleins ein gewitterreiches Jahr anzeigen würde.

Heute wird der Ehrenpreis in der Phytotherapie nicht mehr so oft verwendet. Zwar enthält er hilfreiche Inhaltsstoffe, wie Gerbstoffe und Aucubin (ein natürliches Antibiotikum), dennoch gibt es Pflanzen mit mehr Power und größerer Wirksamkeit. Ganz auf ihn verzichten muss man aber trotzdem nicht. Er kann als sogenannte Schmuckdroge zum Beispiel einen Erkältungstee hervorragend abrunden. Als blumiger Schönling ist er somit der Held der Mischung. Aufgrund seines Eisengehaltes kann er gut und gerne auch in die Ernährung eingebaut werden. Die beste Zeit, ihn für den Salat zu ernten, ist im März und April. Dann schmeckt er nämlich ganz lecker frisch und nach Kresse.

Blütenblätter: drei große, ein kleines

In der Pflanzenastrologie wird der Ehrenpreis auch ganz oft dem Mond zugeordnet und damit dem Tierkreiszeichen Krebs. Beim Sammeln der Pflanzen, die dem Mond zugehörig sind, sollte man erst recht darauf achten, wie der Erdtrabant steht. Ideal ist es, das oberirdische Kraut bei zunehmendem bzw. kurz vor Vollmond zu ernten.

Wer allerdings aus Ehrenpreis einen wunderschönen Strauß winden möchte, der muss sich auf eine Enttäuschung gefasst machen. Sind die Blümchen einmal gepflückt, vergeht in der Regel nicht allzu viel Zeit, bis sie die Blütenblätter abwerfen. Dieser Vorgang inspirierte wahrscheinlich eine verletzte Frau so sehr, dass sie die Treue von so manchem Frauenhelden mit dem Ehrenpreis verglich und sich dazu verleiten ließ, ihn als Männertreu zu titulieren.

ERKÄLTUNGSTEE

30 g Holunderblüten • 30 g Lindenblüten • 20 g Königskerze • 10 g Thymian • 10 g Ehrenpreis

Die Zutaten werden mit heißem Wasser übergossen und dürfen dann abgedeckt etwa 8 Minuten ziehen. Bei Erkältung oder Grippe werden 4–5 Tassen täglich getrunken. Gute Besserung.

Ich für meinen Teil werde nun meine Füße ganz tief in meine Gartenerde stecken und mich ordentlich mit Dünger versorgen. Dann wollen wir doch mal sehen, wer hier „klein" ist. Und falls das nichts bringt, habe ich noch einen ausgesprochen großen Schrank voller High Heels.

15

WALD-ENGELWURZ
Angelica sylvestris

Die schmuckaffine Leibwächterin

Familie: Doldenblütler
Nennenswerte Inhaltsstoffe: ätherische Öle, Bitterstoffe
Anwendung: magenstärkend, unterstützend gegen Blähungen und Krämpfe
Verwendete Pflanzenteile: Samen, Wurzel

Sollte ich jemals in eine brenzlige Situation kommen, in der ich auf Personenschutz angewiesen bin, müsste ich nicht lange überlegen, wen ich dafür engagiere. Die Wald-Engelwurz wäre dann die einzig richtige Entscheidung. Denn sie boxt sich selbst regelrecht aus dem Boden und zeigt bald darauf ihre gut trainierten und starken Muskeln in Form ihrer Blattscheiden. Man kann sogar Muskelfasern daran erkennen, die an einen menschlichen Bizeps erinnern. Ein Vorstellungsgespräch wäre da wohl kaum nötig.
So steckt die Pflanze voller Kraft und Stärke, die man in der Erholung von manchen Krankheiten gut gebrauchen kann. Vor allem im Alter ist das sehr hilfreich, wenn der Heilungsprozess ohnehin etwas mehr Zeit in Anspruch nimmt.

Insgesamt wirkt die Pflanze hervorragend auf die Verdauung. Das Kauen einer Wurzel hilft dabei, schweres Essen zu verdauen. Auch hier spielt die Engelwurz den Bodyguard, der

Taschenwissen für die Kaffeepause
farbiger Ring, wo die Blätter entspringen
Knospenhülle ähnelt Bizeps
Rekonvaleszenz

bei einer köstlichen 7-Gänge-Eskalation einschreitet und alle Gäste (oder Gerichte) engelsgleich durch einen langen Flur vor die Tür begleitet.
Apropos engelsgleich: Der Legende nach stieg ein Engel aus dem Himmel herab und zeigte einem herzensguten, aber mittellosen Bauern, wie er sich und seine Familie gegen die Pest schützen könne. Als Dank dafür nannte er die Wurzel Engelwurz.

Die Engelwurz mit ihren starken Muskeln

Da es sich bei dieser Pflanze um einen Doldenblütler handelt, sollte man beim Sammeln ganz genau hinschauen. Es gibt nämlich giftige Pflanzen, wie zum Beispiel den gefleckten Schierling, die ihr sehr ähnlich sehen.
Ganz so unmöglich ist es aber nicht, die Wald-Engelwurz zu identifizieren. Hierzu kann man sich auf einige Merkmale konzentrieren: Der Stängel ist nicht ganz rund, sondern eher u-förmig. Er bildet an einer Seite eine kleine Rinne. Die Blüten sind weißlich oder sogar rosa gefärbt, und die Dolde ist kugelig. An der Blattverzweigung, also dort, wo die Blätter dem Stängel entspringen, bildet die Pflanze rötlich violette Ringe. Wahrscheinlich möchte die liebe Angelika trotz der vielen Muskeln ihre feminine Seite nicht vernachlässigen und trägt dazu ausgewählte und auffällige Ringe.

Erkennungsmerkmal: roter Ring

66

ANGELIKA-APERITIF MIT ENGELWURZSIRUP

1 l Wasser • 600 g Rohrzucker • 3 Bio-Zitronen • Ingwer • ca. 300 g Blüten, Blätter, Stängel der Engelwurz

In 1 l Wasser erhitzt du den Rohrzucker mit dem Saft und der Schale der Zitronen, den fein geschnittenen Ingwerscheiben, den Blüten, Blättern und Stängeln und lässt das Ganze ungefähr 30 Minuten köcheln. Die Mischung wird dann über Nacht stehen gelassen. Am nächsten Tag werden die festen Teile herausgefiltert und gut ausgepresst. Die übrige Flüssigkeit kochst du nochmals auf, bis sie die von dir gewünschte Konsistenz aufweist.
Schmeckt am besten mit eiskaltem Prosecco oder Mineralwasser gemischt. Wohl bekomm's.

Ich für meinen Teil kann nun endlich allen unverschämten Mitmenschen, die mich anpöbeln, meine Meinung geigen. Und falls diese auf mich losgehen wollen, rufe ich ganz laut nach meiner Angelika mit ihrem prächtigen Bizeps.

KLUGSCHEISSERWISSEN

Die Engelwurz ist ein Paradebeispiel für die Merkmale der Doldenblütler.
Hier sind die Blüten in Dolden angeordnet, wobei jeder Strahl der Dolde aus demselben Punkt entspringt. Bei den Einzelblüten zählt man fünf Blütenblätter. Die Blätter sind meist wechselständig und gefiedert, die Blattscheiden auffällig und besonders. Die Früchte sind sogenannte Spaltfrüchte.

FICHTE
Picea abies

Die strickende Oma

Familie: Kieferngewächse
Nennenswerte Inhaltsstoffe: ätherische Öle, Bitterstoffe, Vitamin C
Anwendung: durchblutungsfördernd, anregend, hustenstillend, unterstützend bei Lungenbeschwerden
Verwendete Pflanzenteile: junge Triebe, Harz

Ein ausgedehnter Morgenspaziergang im Wald ist etwas vom Schönsten und Beruhigendsten, was ich kenne. Als Kräuterfee und Baumfan nehme ich mir dabei immer genügend Zeit, alles ganz genau zu beobachten und betrachten. Manchmal entdecke ich dann auch etwas speziellere Menschen in meinem kleinen Wäldchen. So traf ich erst kürzlich wieder einen betagten Mann, der sich recht angeregt mit einem Baum unterhielt. Genauer gesagt war es eine alte Fichte, an die sich der Opa wandte: „Guten Morgen, Frau Fichte, ich bringe dir die Gichte."

Die Fichte galt und gilt als beseelter Baum, der auch gerne mal den Menschen einige Lasten und Krankheiten abnehmen kann. Fast so wie die herzensgute Omi, die jedem eine Freude bereiten möchte. Dazu muss man sich allerdings auf ein kleines Schwätzchen mit dem Baum einlassen. Am besten beginnt man das Gespräch mit dem oben genannten Satz und schüttelt der Fichte die Hand bzw. den Ast. Falls es ein wenig pikst, dürft ihr Frau Fichte nicht böse sein. Sie ist eine passionierte Näherin und Strickerin. So legt sie ihre spitzen

Nadeln niemals beiseite. Nicht einmal, um jemandem die Hand zu schütteln. Es kann aber auch sein, dass sie es einfach nur vergisst. Wenn man bis zu 600 Jahre auf dem Buckel hat, darf einem das schon mal passieren.

Blüten treibt die Fichte nur alle paar Jahre. In sogenannten Stresssituationen, zum Beispiel bei starker Hitze und Trockenheit oder Kälte, blüht sie besonders intensiv. Es handelt sich dann um die sogenannten Mastjahre, wenn der Wind über den Fichtenwäldern den gelben Staub in ganzen Wolken vor sich hertreibt. Es sind die Pollen, die vermehrt ausgeschüttet werden und sich nun auf die Suche nach einer weiblichen

KLUGSCHEISSERWISSEN

Die Fichte wird manchmal auch wegen ihrer rötlichen Rinde als Rottanne bezeichnet. Die beiden Bäume, Fichte und Tanne, sehen sich auf den ersten Blick schon sehr ähnlich. Trotzdem kann man einige Unterschiede feststellen. Zum Klugscheißern sollte man in der Lage sein, sich den Unterschied zwischen Fichte und Tanne einfach so aus der Krone zu schütteln. Die Fichte sticht, die Tanne nicht. Das kann man schon beim ersten Händeschütteln spüren. Zudem sind die Nadeln der Tanne zweireihig angeordnet, die der Fichte jedoch spiralig um den ganzen Zweig. Bei der Fichte hängen die Zapfen, bei der Tanne stehen sie aufrecht wie die Kerzen am Weihnachtsbaum. Ich merke mir: Stechen die Nadeln, dann hängen die Zapfen.

Blüte machen. Nur wenn sie auch fündig werden, entwickelt sich ein Zapfen, der bei Samenreife zu Boden fällt, damit ein Keimling entstehen kann. Die weiblichen Blüten sind von den männlichen ganz einfach zu unterscheiden: Die Weibchen schmücken sich mit einem knallig pinken bis rötlichen Kleid, während die Männchen ein langweilig helles Braun bevorzugen. Allergiker können allerdings im wahrsten Sinne des Wortes durchatmen, denn die Fichtenpollen lösen keinerlei allergische Reaktionen aus.

Die jungen und noch hellgrünen Triebe können in frischem Zustand zu einem Blutreinigungstee verarbeitet werden. Man kann sie auch beim Spaziergang als Snack naschen. Das darin enthaltene Vitamin C gibt dem Immunsystem einen kräftigen Kick. Die Leckermäuler unter uns können die Triebspitzen auch gerne mit flüssiger Schokolade überziehen und so beim sündigen Naschen noch etwas für die Gesundheit tun.

FICHTENSIRUP

2 Handvoll junge Fichtentriebe • 1 Bio-Zitrone • 500 ml Wasser • 500 g Zucker

Du kochst die Fichtentriebe mit etwas Zitronenschale im Wasser auf und lässt das Ganze über Nacht zugedeckt stehen. Am nächsten Tag filterst du die Mischung und kochst sie mit dem Zucker nochmals auf, bis sie eine sirupartige Konsistenz aufweist.
Der Sirup kann esslöffelweise bei Husten eingenommen werden, den Zucker im Tee ersetzen und sogar mit Wasser gemischt eine herrliche Erfrischung sein. Guten Durst.

Ich für meinen Teil werde beim nächsten Spaziergang auch mal bei einer Fichte haltmachen und von ihr vielleicht sogar die neuesten Strick- und Nähmuster erfragen.

Taschenwissen für die Kaffeepause
wird bis zu 600 Jahre alt
hilft bei Muskelverspannungen und Husten
für Allergiker harmlos

FRAUEN-MANTEL
Alchemilla vulgaris

Der schweißgebadete Trinker

Familie: Rosengewächse
Nennenswerte Inhaltsstoffe: Gerbstoffe, Saponine, Phytosteroide
Anwendung: bei Menstruationsbeschwerden, hormonausgleichend, wundheilend
Verwendete Pflanzenteile: Kraut

Es gibt immer irgendwo jemand, der sich um meinen Wasserhaushalt Sorgen macht, ganz egal welches Wehwehchen mich plagt. Habe ich etwa Kopfschmerzen, kommt aus irgendeiner Ecke die Frage nach meinem Trinkverhalten immer wie aus der Pistole geschossen. So oft, wie ich das um die Ohren geklatscht kriege, scheint das tatsächlich die Wurzel aller Probleme zu sein. Verdauungsprobleme, schlechtes Hautbild, Geldsorgen ... immer kann ich mich darauf verlassen, genau diese Frage gestellt zu bekommen. Also hier nochmals für alle: Ja-ha, ich trinke genug!

Wer allerdings etwas achtsamer mit seiner Trinkmenge umgehen sollte, ist der Frauenmantel. Den könnte man gerne mal fragen, wie viel Flüssiges er sich schon einverleibt hat. Er trinkt nämlich außerordentlich gerne einen oder auch mehrere über den Durst. Und das fast andauernd. Dabei versucht er

Taschenwissen für die Kaffeepause
schwitzt überschüssiges Wasser aus
enthält Phytohormone
Verdauungshelferlein

das ganz heimlich zu machen. Doch vor lauter Scham, Nervosität und Angst, ertappt zu werden, steht ihm öfter als gewünscht der verräterische Schweiß auf der Stirn.

KLUGSCHEISSERWISSEN

Der Frauenmantel saugt das Wasser mit seinen Wurzeln aus der Erde an und auf, verstoffwechselt es und scheidet Überschüssiges über kleine Spalten am Blattrand wieder aus. Dort kann man dann deutlich kleine Tropfen erkennen, die sogenannten Guttationstropfen. Warum aber trinkt der Frauenmantel denn so viel? Die Pflanze ist schon relativ bald gesättigt mit Wasser. So groß, wie sie ist, braucht sie ja nicht viel. Jedoch will sie die Versorgung mit den im Wasser enthaltenen Nährstoffen nicht unterbinden. Deshalb trinkt sie, obwohl sie keinen Durst mehr hat.

Die Alchemisten von einst waren riesige Fans dieser Tropfen. Man munkelte, sie seien eine unverzichtbare Zutat, um Gold herzustellen. So wurden die kleinen Wassertropfen behutsam und in mühevoller Kleinarbeit abgeerntet und gesammelt.

Heutzutage wird die Pflanze mit dem grünen Cape bzw. Mantel als wahre Superheldin gehändelt. Sie rettet Frauen in einem gewissen Alter, steht ihnen bei und bekämpft ihren alten Widersacher: die Menopause. Dabei kann sie sich voll und ganz auf ihre Superkräfte – die Gestagene – verlassen. Kommt die Frau in den Wechsel, zeigen sich verschiedene und fast immer unliebsame Symptome. Der Frauenmantel kann hier eingreifen, indem er dem Körper seine pflanzlichen Hormone zur Verfügung stellt.

Doch man muss sich nicht extra eine Menopause „anlachen", um die Wohltaten des Frauenmantels spüren zu dürfen. Es reichen auch einfache Verdauungsprobleme. Die enthaltenen Gerbstoffe wirken zusammenziehend, stopfend und gewebeverdichtend. Somit sorgen sie zum Beispiel bei Durchfall dafür, dass Gifte aus dem Darm nicht in den Körper gelangen. Zudem kann weniger Flüssigkeit aus dem Körper in den Darm gelangen, und der Körper dehydriert nicht so schnell.

SUPERHELDENTEE FÜR DIE WECHSELJAHRE

Es gibt einige Superhelden, die einem in der meist nicht ganz so angenehmen Zeit der Menopause den Rücken freihalten. Die Volksheilkunde empfiehlt gerne die folgende Teemischung:

40 g Schafgarbe • 30 g Frauenmantel • 30 g Rotklee • 10 g Salbei • 10 g Minze

Die Kräutermischung wird mit kochendem Wasser übergossen. Dann lässt man den Tee 5–7 Minuten ziehen und trinkt 2–3 Tassen am Tag, bis sich die Symptome gelegt haben. Zusätzlich kann auch noch eine Mönchspfeffertinktur helfen.

Ich für meinen Teil gehe nun in die Küche, um mir ein überdimensioniertes Glas frischen Wassers zu gönnen. Meine am Wasserhaushalt interessierten Freunde kommen gleich auf etwas Flüssiges vorbei. Doch bei ihnen bezweifle ich stark, dass es sich da um einfaches Wasser handeln wird.

Der Frauenmantel-Schweiß, auch als Guttationstropfen bekannt

GIERSCH
Aegopodium Podagraria

Der aufdringliche Plagegeist

Familie: Doldenblütler
Nennenswerte Inhaltsstoffe: Kalium, Vitamin C
Anwendung: entgiftend, blutreinigend, bei Gicht
Verwendete Pflanzenteile: junge Blätter

Eine Definition von Aufdringlichkeit lautet: persönliche Grenzen ignorieren und durch invasives und übergriffiges Verhalten stören. Für meine ganz persönliche Definition von Aufdringlichkeit reicht ein einziges Wort: Giersch. Das trifft es doch wunderbar, oder?

Ja, viele kennen und fürchten den Giersch. Ist er einmal im Garten angekommen, ist es fast unmöglich, ihn wieder loszuwerden. Ein winziges Stück Wurzel reicht schon aus, um den Plagegeist wiederaufstehen zu lassen. Zugegeben, er macht es einem auch wirklich nicht leicht, weil er seine Wurzeln bis zu 50 cm tief in der Erde verstecken kann. Und wenn man dann glaubt, dass man diesmal wirklich alles erwischt und ausgerissen hat, ohrfeigt er einen mit einem neuen Blatt, das er gefühlt innerhalb weniger Minuten hervorgebracht hat. Kaum dreht man sich um, hat dieser Lausbub schon wieder fünf neue Sprösslinge ins Rennen geschickt. Er meint es damit zwar sicher nicht böse, doch nervt er trotzdem sehr.

Taschenwissen für die Kaffeepause
G wie Giersch und Gicht
dreieckiger Stängel
Erdholler

Klugscheißerwissen Kräuter

77

Betrachtet man ihn etwas genauer, gibt er uns schon ein recht offensichtliches Warnzeichen. Berührt man seinen Stängel, kann man sehr gut drei Kanten ertasten, die sich wie ein kleines (Warn-)Dreieck anfühlen. Auch in seiner Blattanordnung bildet er ein Dreieck, das meistens gut und manchmal bloß mit etwas Fantasie zu erkennen ist. Wenn man allerdings nur mit einem halben Auge hinschaut, könnte man die Blätter fast mit jenen des Holunders verwechseln. Hier hilft auf alle Fälle die Geruchsprobe: Der Holunder riecht wirklich nicht gut. Es geht da eher in Richtung Urin ...
Diese Verwechslung muss allerding schon öfters vorgekommen sein, da ein weiterer Name des Gierschs auch Erdholler lautet.

Doch gibt es auch eine ganz andere, positive Seite dieser Pflanze. So war ihre heilende Wirkung schon im Mittelalter bekannt und geschätzt, um Gicht und Rheuma zu behandeln. Daher kommt auch der botanische Name *podagraria*. *Podagra* bedeutet nämlich Gicht. Wenn man heute den Begriff Zipperleinkraut hört, dann wird fast immer vom Giersch gesprochen. Besser ist es also, ihn aufzuessen, statt ihn auszureißen. So wird man nicht nur mit zahlreichen Vitaminen belohnt und satt, sondern bekämpft damit auch sein Zipperlein.

Der Vollständigkeit halber widmen wir uns auch noch dem vorderen Teil des botanischen Namens. *Aegopodium* bedeutet so viel wie ziegenfüßig und hat wohl mit dem Aussehen der Blätter zu tun. Ich behaupte, dass auch die Manieren des Gierschs dazupassen. In meinem Garten verhält er sich manchmal wirklich wie eine störrische und unnachgiebige alte Ziege.
Was hier hilft, sind Kartoffeln. Man pflanzt sie in den Garten, und weil sie noch schneller wachsen als der Giersch, drehen sie ihm die Nährstoffe und das Licht ab. Und falls das auch nicht ganz so gut funktioniert, passt Giersch auch außerordentlich gut zu Ofenkartoffeln.

GIERSCHPESTO

50 g Gierschblätter (ohne dicke Stängel) • 2–3 Knoblauchzehen • 125 ml Öl (Olivenöl oder auch Sonnenblumenöl) • 80 g Parmesankäse (oder 50 g Hefeflocken mit 30 g veganem Parmesankäse) • 25 g Pinienkerne (oder Cashewkerne) • etwas abgeriebene Zitronenschale • 1 Prise Salz, Pfeffer

Du mixt alle Zutaten, bis der Pesto die gewünschte Konsistenz aufweist. Er schmeckt nicht nur zu leckeren Vollkornnudeln, sondern auch als Aufstrich auf frischem Brot.

Ich für meinen Teil grabe mich jetzt die notwendigen 50 cm tief in den Gartenboden hinein und werde den Giersch ein für alle Mal von hier vertreiben. Und sollte er einen noch so kleinen Ziegenfuß in meinen Garten setzen, werde ich ihn bei lebendigem Blatte aufessen.

KLUGSCHEISSERWISSEN

Denkt man ein wenig über das Wachstum bzw. die Verhaltensweise des Gierschs nach, kann man darin schon eine gewisse Power und Widerstandsfähigkeit erkennen, was sicherlich auch unserem Körper guttut. Zudem enthält er recht viel Kalium, diesen wichtigen Mineralstoff für eine ganze Menge physiologischer Vorgänge in unserem Organismus: Er wirkt auf das Herz, das Nervensystem und den Säure-Basen-Haushalt. Letzterer spielt bei Gicht und Rheuma eine wesentliche Rolle. Ja sogar bei Stress kann sich Kalium positiv auf uns auswirken, da es auch regulierend auf den Blutdruck wirkt.

19

GUNDELREBE
Glechoma hederacea

Die Bierschützerin und Laufexpertin

Familie: Lippenblütler
Nennenswerte Inhaltsstoffe: Lamiaceengerbstoffe, ätherische Öle, Vitamin C
Anwendung: antibakteriell, antiviral, schleimlösend, ausleitend, bei Lungenbeschwerden, Gicht, Rheuma, erhöhten Harnsäurewerten
Verwendete Pflanzenteile: Kraut

So gerne ich auch joggen gehe, so sehr nervt es mich doch manchmal. Vor allem an jenen Tagen, an denen meine mühsam aufgebaute Kondition mal wieder zu Hause faul auf der Couch rumliegt, Netflix guckt und mich so ganz allein die anstrengende Laufarbeit verrichten lässt. Da das in letzter Zeit relativ oft vorkommt, muss ich wohl ein ernstes Wörtchen mit dieser jungen Dame reden. Oder ich schicke ihr die Gundelrebe, die das für mich erledigt.

KLUGSCHEISSERWISSEN

Der Gundelrebe sind körperliche bzw. pflanzliche Betätigung und Sport enorm wichtig. Am liebsten macht sie Cardiotraining. Ständig ist sie am Joggen. Ja, sie hat es schon so weit getrieben, dass sie selbst Expertin ist und Läufer ausbildet. So bildet sie als Hauptspross alle 10 bis 15 cm einen AusLÄUFER. Diese sogenannten Seitensprosse wachsen erst aufrecht hinauf und bilden schließlich die violetten Blüten aus. Da der Hauptspross meistens schon etliche Gartenrunden gedreht hat, überlässt er den Jüngeren das Feld. Ihn trifft man dann meistens nur noch kriechend an. Das verhalf ihm auch zum Namen Erd-Efeu.

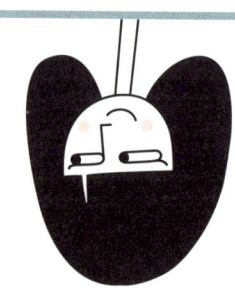

Eine kurze Ober- und eine lange Unterlippe: der ideale Landeplatz für Insekten

In der Gundelrebe lebt der Pflanzengeist, der Böses abwehrt. Sie wurde dem Gott Donar (Thor) geweiht und zugeordnet. Wer also die Gundelrebe im Haus hatte, stand unter dem Schutz des allmächtigen Wettergottes und wurde vor Unwettern und Blitzen bewahrt.
Vielleicht wurde ja deshalb der Gundermann – wie die Gundelrebe auch heißt – beim Bierbrauen eingesetzt. So enthielt auch das berauschende Getränk etwas Göttliches, was sogar übermäßigen Genuss rechtfertigte und das Bier vor dem Verderben schützte. Die Gerb- und Bitterstoffe im Kräutlein tragen zum Geschmack des Tranks bei und galten auch als Konservierungsmittel. Der Hopfen war ja damals leider noch nicht entdeckt. Man könnte die Gundelrebe also auch als Urahnin des Hopfens und als Bierschützerin bezeichnen.

Auch bei allerlei Wunden und Krankheiten wurde die Gundelrebe eingesetzt, vor allem wenn Eiter im Spiel war. Daraus leitete man auch den Namen der Pflanze ab: *Gund* war nämlich ein gängiges Wort für schlechte Körpersäfte, wie zum Beispiel Eiter. Innerlich angewendet kann man eine recht positive

Wirkung auf den Magen feststellen, ein Grund, die Gundelrebe in die alltägliche Ernährung einzubauen. Das leichte Aroma nach Minze lässt sich auch im botanischen Namen wiederfinden. Der Name *Glechoma* wurde gewählt, weil die Blätter geschmacklich etwas in Richtung Polei-Minze gehen, die auf Griechisch *glechon* heißt. Manchmal kommt hier noch eine ganz kleine und sanfte Spur Lakritz dazu. Die Gundelrebe eignet sich also ideal als Topping für Salate und Kräuterdips. Sie wurde manchmal sogar als Soldatenpetersilie bezeichnet.

Bei ihren Früchten ist der sportliche Ehrgeiz recht gering. Dennoch schaffen es ihre Klausen, wie sich die Früchte der Lippenblütler nennen, recht weite Strecken zurückzulegen. Die Gundelrebe geht das außerordentlich schlau an: Sie klebt ihre Klausen an Ameisen fest, die sie dann wie kleine Paketboten herumtragen und sogar ausliefern. Für ihr Fortbestehen ist also gesorgt, ohne dass sich die Gundelrebe selbst im Mindesten anstrengen müsste.

SCHOKOLIERTE GUNDERMANN-BLÄTTER

Gundermannblätter • Kochschokolade

Die Gundermannblätter tauchst du einfach in lauwarme Schokolade und legst sie auf einem Backpapier zum Trocknen aus. Wer ganz verrückt danach ist, kann mit weißer Schokolade noch ein spannendes Muster draufmalen.
Die perfekte Deko fürs Dessert und ein schokoladiger Snack für zwischendurch.

Ich für meinen Teil muss jetzt schleunigst zum Lauftraining. Ich darf nicht schon wieder zu spät kommen, sonst lässt mich die Gundelrebe zur Strafe wieder unzählige Liegestütze und Kniebeugen machen.

Taschenwissen für die Kaffeepause
Namensherkunft: *Gund* bedeutet Eiter
Urhopfen
Erd-Efeu

20

GÜNSEL
Ajuga reptans

Der Katerschreck

Familie: Lippenblütler
Nennenswerte Inhaltsstoffe: Gerbstoffe, ätherisches Öl, Bitterstoffe
Anwendung: wundheilend, unterstützend bei Leberbeschwerden
Verwendete Pflanzenteile: Kraut

Mit den Öffis zu fahren, ist super. Super für die Umwelt, super für kommende Generationen und super fürs Gewissen. Doch für meine arme Nase ist es oft nicht ganz so super. Vor allem wenn Bus und Bahn an einem heißen Sommertag mal wieder überfüllt sind. Dann ist jede auch noch so kurze Fahrt eine ausgesprochen beleidigende Geruchsreise. Mindestens zwei müffeln nach Schweiß oder stockiger Wäsche, während die ganz Rücksichtslosen allen möglichen Winden freien Lauf lassen. Dazu kommen die extremen Knoblauchfans. Da droht mir dann schon mal die nicht vorhandene Hutschnur zu platzen. Und falls ausnahmsweise einmal niemand im Umfeld müffelt, sollte man sich schleunigst an die eigene Nase fassen und überprüfen, ob man nicht selbst „stinkig" unterwegs ist.

Wer allerdings mit miefenden Gerüchen rein gar nichts am Hut hat und niemals andere damit belästigen wird, ist der Günsel. Denn er ist so konzipiert, dass in seinen (Blatt-)Achseln einfach immer wunderschöne und vor allem wohlriechende Blüten wachsen, sozusagen sein eigenes, natürliches Deo. Das finde ich ausgesprochen intelligent von ihm und vor allem richtig rücksichtsvoll für alle in seiner Nähe.

Sogar Tiere lieben den Günsel sehr und schätzen seine große Hilfsbereitschaft. Betrachtet man nämlich seine Blüten etwas genauer, erkennt man eine gut ausgebildete dreilappige Unterlippe. Die für Lippenblütler typische Oberlippe sucht man jedoch vergebens. Wahrscheinlich wurde die gesamte Energie darauf verwendet, den Insekten eine gemütliche und geräumige Landebahn zu bauen.

Für seine Verbreitung sorgt der Günsel, indem er einige Ausläufer bildet, aus denen dann weitere Pflanzen hervorgehen. Das sieht dann manchmal so aus, als ob die Pflanzen einen Kreis bilden würden, und den nennt und nannte man auch Hexenzirkel. In diesen Hexenkreis darf man niemals und auf gar keinen Fall hineinsteigen, da man sonst von bösen Hexen zum Tode verurteilt werden kann. Also lieber einen großen Bogen darum machen. Sicher ist sicher.

KLUGSCHEISSERWISSEN

In der Blüte des Günsels findet man auch die sogenannten Elaiosomen, zu Deutsch Ölkörper. Dabei handelt es sich um die Gewebeanhängsel der Samen. Diese Anhängsel sind ein wahres Festmahl und eine sehr gute Nahrungsquelle für Ameisen. Die kleinen Tierchen klettern auf die Pflanze und holen sich zusammen mit dem leckeren Fressi auch den Samen. Beim Transport des Samens zum Ameisenbau verlieren sie gelegentlich etwas von ihrer Beute und helfen so dem Günsel, sich ganz ohne eigenes Zutun zu vermehren.

Nach einer etwas längeren Partynacht ist der nächste Morgen meist nicht so lustig. Dann ist es aber auch das Allerletzte auf dieser Welt, was man haben will, dass dieser elende Kater „festgemacht" wird und noch länger erhalten bleibt. Doch der Günsel kann hier auch anders. Seine Inhaltsstoffe sind ein sehr hilfreiches und effektives Mittel, um dieser selbst erworbenen Pflegestufe 2 alias der Katerkrankheit zu entkommen.

Der kriechende Günsel ist ein ehrwürdiges Mitglied im Team *Consolida*. Unter diesem Namen fasste man einige wund- bzw. bruchheilende Pflanzen zusammen. Das lateinische *solidare* heißt festmachen, zusammenfügen, zum Beispiel bei Knochenbrüchen. Hier findet man zum Beispiel auch den Beinwell als großen Festmacher (*Consolida major*) und den Sanikel als kleinen Festmacher (*Consolida minor*). Zum Festmachen nutzt der Günsel unter anderem seine Gerbstoffe. Diese tragen nämlich tatsächlich dazu bei, das Gewebe zu verdichten und es zusammenzuziehen, ein wertvoller Effekt in der Wundheilung und auch bei Durchfall. Den kriechenden Günsel finden wir daher in der Mitte des *Consolida*-Teams. Er wurde nämlich als mittlerer Festmacher (*Consolida media*) bezeichnet.

ANTIKATER-MITTEL

Günsel • Mädesüß-Blüten • Weidenrinde • Wodka

Die Tinkturen werden am besten alle einzeln angefertigt und dann zu gleichen Teilen zusammengemischt. Jede der drei Pflanzen wird in frischem Zustand in ein eigenes verschließbares Glas gegeben und mit Wodka bedeckt. Nach einem Mondzyklus (etwa 28 Tage) ist die Tinktur „gereift". Nun wird aus den drei einzelnen Tinkturen eine fertige Mischung zubereitet, indem diese zu gleichen Teilen in ein separates Fläschchen mit Tropfaufsatz gefüllt werden. Natürlich hilft diese Antikater-Tinktur auch bei anderen Leiden, wie zum Beispiel bei Kopfschmerzen und einer leichten Erkältung (20 Tropfen bei Bedarf).

Ich für meinen Teil werde es dem Günsel gleichtun und mir nun auch schnell ein paar duftende Blumen unter die Achseln hängen. So gehe ich sicher, dass ich nicht fies müffle, sondern angenehm dufte. Dann hoffe ich einfach, dass alle Fahrgäste in meiner Bahn durch den kriechenden Günsel ersetzt wurden. Doch hoffentlich bildet der auf der Fahrt mit seinen Ausläufern nicht heimlich einen Kreis um mich herum …

Taschenwissen für die Kaffeepause
verkümmerte Oberlippe
Hexenzirkel
Antikater-Mittel

HAGEBUTTE
Rosa canina

Die Arthroseärztin und Rheumaretterin

Familie: Rosengewächse
Nennenswerte Inhaltsstoffe: Vitamin C, Gerbstoffe, Kieselsäure
Anwendung: bei Rheuma, Gelenksschmerzen, zur Unterstützung der Abwehr, entwässernd
Verwendete Pflanzenteile: Früchte, Blüten

Neulich wurde mir mal wieder ein recht unangenehmes Gespräch ans Knie geschraubt. Ich wurde in eine Situation reingequatscht, in der mir von einer fast fremden Person richtig schmerzhaft mein ganzes linkes Ohr abgekaut wurde. Sie bewarf mich mit Klatsch, Tratsch und so entsetzlich langweiligen Einzelheiten, dass ich beinahe in einen tiefen Dornröschenschlaf gefallen wäre. Das Ganze interessierte mich so sehr wie der klassische Reissack, der in China umgefallen ist. Oder ganz kurz: Es juckte mich nicht.
Was mich allerdings als Kind immer extrem gejuckt hat und mich bestimmt auch heute noch jucken würde, ist dieses ganz fiese, selbst gemachte Juckpulver aus Hagebutten.

Unter Hagebutten verstehen wir meistens die Früchte bestimmter Rosenarten. Die bekannteste ist hier sicherlich ist die Hundsrose. Aber die eigentlichen Früchte sind nicht die Hagebutten selbst, sondern die vielen kleinen Nüsschen, die sich unter dem roten Mäntelchen der Hagebutte sammeln, weshalb sie von den Botanikern als Sammelfrucht bezeichnet

Taschenwissen für die Kaffeepause
Hagebutte – Stacheln (in beiden Wörtern ein t)
Zitrone des Nordens
Juckpulver

Klugscheißerwissen Kräuter

89

wird. Diese Nüsschen werden umgangssprachlich auch gerne Kerne genannt. An ihnen befinden sich kleine Härchen mit Widerhaken, die sich an der Haut festkrallen können, um bei jeder noch so kleinen Bewegung den nervigsten aller Juckreize zu verursachen. Als Kinder steckten wird uns heimlich die überreifen Früchte gegenseitig hinter den Kragen, zerquetschten sie dort und freuten uns diebisch, wenn sich das Opfer über das Jucken ärgerte und beim Kratzen nicht mehr nachkam. Ganz fleißige Rabauken sammelten die Härchen unzähliger Früchte und stellten so ihr eigenes Depot von Juckpulver her. Am allerbesten eignen sich hier die Hagebutten der Kartoffelrosen.

Bienenstachel samt Bienen-Po

Aber die Hagebutten dienen nicht nur als Juckpulverlieferantinnen. Sie sind zudem eine wertvolle Vitamin-C-Quelle und werden deshalb auch zu den „Zitronen des Nordens" gezählt. Zwar enthalten nicht alle Früchte gleich viel Vitamin C, aber es schadet mit Sicherheit nicht, sie in die Ernährung einzubauen. Besser wenig Vitamin C als gar keines.

Nicht nur die rote Fruchthülle ist gesund, auch die Nüsschen bzw. die Kerne enthalten jede Menge Stoffe, die sich in unserem Körper als Helferlein erweisen können. Hier ist in erster Linie die Kieselsäure zu erwähnen. Kieselsäure, auch Silizium genannt, ist ein Spurenelement, das der Körper nicht selbst herstellen kann und daher von außen über die Nahrung aufnehmen muss. Es stärkt Haut, Haare, Nägel, Bindegewebe und Knochen. Wenn man die Kerne in der Fruchthülle lässt und die ganzen Hagebutten zu Pulver mahlt, hat man ein bewährtes Mittelchen zur Stärkung des Immunsystems und zur Bekämpfung von entzündlichen Prozessen. Verschiedene Studien zeigten einen positiven Effekt auf rheumatische Erkrankungen, Arthritis oder andere Probleme mit den Gelenken. Die Einnahme des Pulvers kann sogar den CRP-Wert (Entzündungswert) im Blut senken und somit Schmerzen lindern.

VITALPULVER

Je nach Bedarf sammelst du so viele Hagebutten wie nötig. Diese werden samt Kernen und Härchen in einer Getreidemühle zu Pulver gemahlen, das dann zum Trocknen auf einem Backblech ausgebreitet wird. Das Pulver kannst du morgens ins Joghurt geben oder mit warmem Wasser verrühren und trinken. Begleitend zu einer Gelenkstherapie sollte das Pulver über mehrere Monate eingenommen werden. Die dabei empfohlene Menge entspricht in etwa 5–10 g täglich.

Achtung: Bei der Einnahme von Hagebuttenpulver muss unbedingt auf eine ausreichende Flüssigkeitszufuhr geachtet werden. Die Pflanzenfasern können nämlich im Körper aufquellen und zu Verstopfung führen. Daher ist es empfehlenswert, das Pulver mit etwa 300–500 ml Wasser einzunehmen.

Ich für meinen Teil gehe nun Hagebutten sammeln, damit ich meinem rheumatischen Körper und den alten arthrotischen Gelenken etwas Gutes tun kann. Und wer weiß: Vielleicht finden sich ja auch noch ein paar extra juckende Härchen für extra langweilige, ohrabkauende Tratschtanten.

KLUGSCHEISSERWISSEN

Die spitzigen kleinen Dinger am Stängel der Rosen (und auch mancher Rosengewächse) nennt man Stacheln. Nein, es sind keine Dornen, wie man so gerne sagt, hört und liest. Mich persönlich erinnert der Stachel an einen Bienenstachel samt Bienen-Po. So ist es auch einfach zu merken: Bienen stechen und „dornen" nicht. Die Stacheln dienen der Pflanze als Rank- und Kletterhilfe, aber auch als Schutz vor Fressfeinden.

HASELNUSS
Corylus avellana

Die Trendsetterin und Gartenbegründerin

Familie: Birkengewächse
Nennenswerte Inhaltsstoffe: Kalium, Kalzium, Gerbstoffe, Fettsäuren, Aminosäuren
Anwendung: schweißtreibend, blutreinigend, leberreinigend, bei Durchfall
Verwendete Pflanzenteile: Blätter, Früchte

So schön ein kleiner Garten vor dem Haus auch immer ist, so viel Arbeit ist es auch, ihn instand zu halten. Ständig bin ich am Jäten, Gießen und Sprechen mit den Kräutern und Pflanzen. Ich bemühe mich wirklich sehr, ihnen nicht nur ein angemessenes, sondern auch wohliges Zuhause zu bieten. Doch jeden Morgen, wenn ich in den Garten blicke, muss ich mit Entsetzen feststellen, dass irgendjemand hier war und Früchte geklaut oder Blätter angenagt hat. Und als Dank sät mir derjenige auch immer wieder neues Un..., ähm, Beikraut ins Beet, sodass mein wunderschöner Garten mehr nach Kraut und Rüben aussieht als nach grüner Augenweide. Wehe ihm, wenn ich ihn nur ein einziges Mal in meinem Garten erwischen sollte!

Taschenwissen für die Kaffeepause
männliche und weibliche Blüten
Gartenschutz
Kätzchen:
2 Millionen Pollen

KLUGSCHEISSERWISSEN

Unsere Gemeine Hasel hat indirekt viel dazu beigetragen, dass der Garten zu seinem Namen gekommen ist. Das Wort Garten geht wahrscheinlich auf das indogermanische *ghortos* zurück, womit eine umzäunte Fläche gemeint war. Um den Ort, wo man seine Kräuter und Früchte anbaute, vor wilden, hungrigen Tieren und wohl auch dem einen oder anderen diebischen Nachbarn zu schützen, war so eine Umzäunung durchaus nützlich. Man sammelte also biegsame Zweige, um sie mit verschiedenen Stöcken und Hölzern zu einem dichten Zaun zu flechten, wofür sich besonders der Haselbaum eignete. So bedeutet „in die Haseln gehen" allerdings nicht, seinen mit Haselgerten umzäunten Garten zu besuchen. Dieser blumige Ausspruch spielt auf ein voreheliches Stelldichein an.

Die Haselstaude erkennt man schon im Frühling recht einfach an den wunderschönen Blüten. Als einhäusige Pflanze bildet sie sowohl männliche als auch weibliche Blüten aus, das heißt, sie platziert die weiblichen und die männlichen Geschlechtsorgane in getrennten Blüten. Um die weiblichen Blüten zu erkennen, muss man schon genau hinschauen, von Weitem erkennt man sie nicht. Zwar erstrahlen sie in einem kräftigen Pink, werden aber nicht größer als maximal 5 mm, enthalten keinen Nektar und werden daher auch nicht von Insekten umschwirrt. Die männlichen Blüten machen es einem da schon viel einfacher. Es sind die bekannten Würmchen oder Kätzchen, die zuhauf an den Zweigen und Ästen baumeln. Sie werden schon im Herbst gebildet, reifen und blühen jedoch erst ab März/April, wenn die Temperaturen auf etwa 10 Grad ansteigen.

Die männlichen Blüten sind bei den meisten Insekten sehr beliebt. Das hat zum einen mit der recht frühen Blütezeit zu tun und zum anderen mit der stattlichen Pollenanzahl, die eine einzige männliche Blüte produziert: in etwa 2 Millionen! Wer eine Pollenallergie hat, wird jetzt schon beim Lesen dieses Fakts spüren, wie Nase und Augen zu rinnen beginnen. Dazu kommt noch, dass sich der Klimawandel auch auf die Blütezeit der Hasel auswirkt. Durch die teilweise milden Winter kommen Haselallergiker tendenziell immer früher auf ihre „Kosten".

Bei den Früchten handhabt die Hasel es etwas anders. Ihre ersten Haselnüsse bringt sie erst mit etwa drei bis fünf Jahren hervor. Erst dann ist das Gewächs stark genug und in der Lage, sich für seinen Fortbestand zu interessieren.

Die meisten Haselnüsse, die im Handel erhältlich sind, stammen nicht von unserer Gemeinen Hasel, sondern von ihrer nahen Verwandten, der Lambertshasel (*Corylus maxima*). Sie ist zwar etwas kälteempfindlicher, wird allerdings auch größer und wirft somit mehr Ertrag ab.

Männliche Blüten, auch Kätzchen genannt

KÄTZCHENFUTTER

Die männlichen Würmchen bzw. Kätzchen können gerne auch in den täglichen Ernährungsplan aufgenommen werden. Zum Beispiel kann man eine Handvoll frische Kätzchen mit heißem Wasser übergießen, um sich so einen reinigenden Tee zuzubereiten. Die etwas schweißtreibende Wirkung trägt zum körperlichen Frühjahrsputz bei.

Aber auch als Topping für Salate, Bowls und Suppen sind die Kätzchen geeignet. Hier kann man sie einfach etwas zerkleinern und mit etwas Öl in der Pfanne rösten.

Ich für meinen Teil werde jetzt erst mal „in die Haseln gehen". Natürlich nur um ein paar Gerten zu holen, um meinen heißgeliebten Garten vor gemeinen Eindringlingen zu schützen. Und wenn ich sie beim Beikrautsäen erwische, gibt es mit der einsatzbereiten Haselgerte eines auf die räuberische Nuss.

Weibliche Blüten in kräftigem Pink

HEIDELBEERE
Vaccinium myrtillus

Die Sonnencremeproduzentin

Familie: Heidekrautgewächse
Nennenswerte Inhaltsstoffe: Gerbstoffe, Pektine, Vitamine, Antioxidantien
Anwendung: stopfend, vitaminspendend
Verwendete Pflanzenteile: Früchte, Blätter

Schon wieder Montag. Ein Montag, wie er im Buche steht. Einer, der dich viel zu spät aufwachen lässt, dein Schienbein an die Bettkante wirft, dir dann auch noch die volle Kaffeetasse auf den Boden knallt und so für den ersten mittleren bis großen Wutanfall der Woche sorgt. Grund genug, um heute einfach blauzumachen und ins Grüne zu fahren. So werden hoffentlich weitere Katastrophen vermieden.

Auch die liebe Heidelbeere ist eine Meisterin des Blaumachens, wenn auch in einer etwas anderen Form. Heidelbeernaschkatzen sind unweigerlich an ihren blauen Lippen und Zähnen zu erkennen. Dafür verantwortlich sind die Anthocyane in der Schale und im Fruchtfleisch.

Neben diesen wertvollen Inhaltsstoffen enthalten die Früchte noch eine ganze Portion Vitamin C und Pektine. Für einen gesunden Darm sind Pektine so etwas wie Ferien, wohltuend und gesundheitsfördernd. Doch vor allem bei Durchfall sind sie ein wahrer Geheimtipp. Als Pflanzenfasern (Ballaststoffe) binden Pektine Wasser und somit auch Schadstoffe. Das

Ergebnis: Der Stuhl wird wieder fester und die gebundenen Schadstoffe gelangen sicher aus dem Körper. Vor allem im getrockneten Zustand sind Heidelbeeren bei Durchfall sehr zu empfehlen. Man könnte die Heidelbeere also fast schon als Heilbeere bezeichnen.

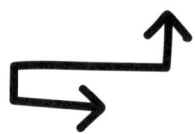

Man sollte sich aber vergewissern, dass die blauen Beeren auch wirklich Heidelbeeren sind. Meistens werden sie mit den Kulturheidelbeeren in einen Topf geworfen. Deshalb hier die Aufklärung: Die Kulturheidelbeere (meist eine amerikanische Zuchtform), die man nahezu immer im Handel findet, besitzt ein helles Fruchtfleisch und färbt somit die Lippen und Zähne nicht. Sie enthält weniger Anthocyane, da diese bei ihr bloß in der Schale vorkommen und nicht wie bei den einheimischen Varianten sowohl in der Schale als auch im Fruchtfleisch. Zudem sind die kultivierten Heidelbeeren fast doppelt so groß wie die wilden Heidelbeeren. Merkt euch also: Nur die kleinen Heidelbeeren sind die Superheidelbeeren. Zusammenfassend könnte man auch sagen: Blaumachen ist gesund.

KLUGSCHEISSERWISSEN

Die Heidelbeere ist äußerst reich an Anthocyanen, wie man an der Farbe erkennen kann. Anthocyane sind Stoffe, die Blüten, Blättern und Früchten ihre rote, violette oder blaue Farbe verleihen. Das Wort hat wieder einmal griechische Wurzeln und setzt sich aus *anthos* (Blüte) und *kyaneus* (dunkelblau) zusammen. Anthocyane haben die Aufgabe, die Blüten und Blätter vor zu starker UV-Strahlung zu schützen. Bei uns Menschen sind sie hervorragende und vor allem fleißige Radikalfänger. Sie vermindern also das Krebsrisiko und entfalten nicht nur einen entzündungshemmenden, sondern gleichzeitig auch noch einen wunderbaren Anti-Aging-Effekt. Ebenso sollen sie das Risiko senken, an Typ-2-Diabetes zu erkranken.

Was allerdings beide Beeren gemeinsam haben, ist die weiße Schicht aus Sonnencreme. Dieser weiße Reif auf den Früchten verhindert, dass sie einen Sonnenbrand bekommen und austrocknen. So ist das ihr eigener Sonnenschutz bzw. die selbst hergestellte Sonnencreme.

Die Heidelbeere lebt in einer symbiotischen Beziehung mit einem Pilz. Dieser Pilz umschließt Teile ihrer Wurzel, was es der Heidelbeere um ein Vielfaches einfacher macht, an lebensnotwendiges Wasser zu kommen. Im Austausch dafür lässt sie ihren Untermieter an ihrem Stärkevorrat teilhaben. So profitieren beide von dieser Gemeinschaft und müssen sich nicht allein abrackern.

So heilkräftig die Früchte auch sind, von den Blättern sollte man die Finger lassen. Diese sind nämlich schwach giftig und daher weder zum Verzehr noch als Heilmittel geeignet.

DARMTEE

40 g Odermennigkraut • 40 g Fenchel • 20 g Kamille • 20 g Pfefferminze

Die Kräutermischung wird mit kochendem Wasser übergossen. Den Tee lässt du etwa 8 Minuten ziehen und trinkst 3–4 Tassen am Tag.
Dazu werden 20–30 getrocknete Beeren über den Tag verteilt gut gekaut und natürlich mit ausreichend Flüssigkeit geschluckt.

Ich für meinen Teil weiß leider immer noch nicht, wie man seinen eigenen Sonnenschutz produziert. Darum muss ich mir für meine Montagsfahrt ins Grüne unbedingt einen einpacken. Doch das Wichtigste für meinen Ausflug ist wohl eine Zitrone. Denn wenn ich die Beherrschung verliere und wie ein wildes Tier über die kleinen blauen Beeren herfalle, ist sie die einzige Rettung. Sie macht nämlich meine Lippen und Zähne wieder weiß, damit morgen im Büro keiner was merkt.

Taschenwissen für die Kaffeepause
Durchfallmittel
in Lebensgemeinschaft mit einem Pilz
eigener Sonnenschutz

SCHWARZER HOLUNDER

Sambucus nigra

Der Hutliebhaber und Märchenstar

Familie: Moschuskrautgewächse
Nennenswerte Inhaltsstoffe: Gerbstoffe, ätherische Öle, Glykoside, Flavonoide, Antioxidantien
Anwendung: Früchte stopfend, Blätter blutreinigend, Blüten schweißtreibend, bei Husten, Grippe, Fieber
Verwendete Pflanzenteile: Blüten, Blätter, Früchte

Als ich heute nach dem Aufwachen den ersten Blick in den Spiegel geworfen habe, dachte ich kurz, ich wäre über Nacht zu einer furchterregenden Medusa mit filzigen Schlangenhaaren geworden. Ein alter Spruch meint: Hat man morgens Knoten im Haar, haben die Elfen in der Nacht darin gespielt. Nun ja. Bei mir am Kopf sieht es weniger nach verspielten Elfen, sondern eher nach drei Tagen Rock-am-Ring-Festival aus. Na gut, dann ist heute eben wieder Hut-Tag.

Man sollte sowieso viel öfter Hüte tragen. Damit kann man dem Holunder, einem alten Hutliebhaber, Genüge tun. Gerüchteweise steckt er mit dem Wacholder unter einem Hut und hat mit diesem zusammen eine Redewendung in die Welt gesetzt: „Vor dem Holunder zieht man den Hut und vor dem Wacholder kniet man nieder." Die beiden sind tatsächlich so heilkräftig, dass

**Taschenwissen
für die Kaffeepause**
Scheindolden
Frau Holle
Judasohr

101

man sie sehr schätzen und einfach lieben muss. Bevor man allerdings eine Holunderstaude frisiert oder stutzt, sollte man sie um Erlaubnis fragen. Verstümmelt man den Holunder, so sagte man früher, bringt das Unglück und Tod.

Die germanische Göttin Holla (auch Hulda) gilt als Erdgöttin. Sie soll im Holunder zu Hause sein, ihr ist er auch geweiht. Die Gebrüder Grimm machten aus der Göttin Holla den Märchenstar Frau Holle. Rüttelt man am Holunder, lässt dieser sehr gern einzelne weiße Blüten und Pollen fallen. Da meint man wirklich manchmal, Frau Holle schüttle mitten im Sommer ihre Betten.

Heute trifft man nicht nur auf den Schwarzen Holunder, sondern auch auf den Roten. Am leichtesten kann man sie an ihren Früchten unterscheiden. Etwas genauer muss man da schon bei den Blüten hinschauen. Während der Schwarze Holunder tellerförmige Scheindolden mit weißen Blüten zeigt, hat sich sein roter Namensvetter für rispenartige cremefarbene bis gelbe Blüten entschieden. Wenn man sich von beiden einen etwas dickeren Zweig abschneidet und sich das markige Innenleben ansieht, staunt man: Beim Roten Holunder ist es dunkel bzw. bräunlich und beim Schwarzen Holunder weiß!

Die Beeren sind roh leicht giftig, denn sie enthalten Glykoside. Das sind Stoffe, die Durchfall und Erbrechen verursachen. Kocht man die Früchte jedoch, zerfallen die Glykoside. Die Früchte sind dann genießbar und können ihre heilkräftige Wirkung entfalten. Zum Beispiel können einige Beeren mit wenig Wasser und etwas Zucker aufgekocht und noch heiß durch ein Sieb in ein verschließbares Gefäß gestrichen werden. Im Kühlschank gelagert oder tiefgekühlt ist das Holundermus einige Monate lang haltbar. Ist eine Erkältung oder gar eine Grippe im Anmarsch, hilft ein Tee mit ein wenig Hollermus.

Ein Pilz namens Judasohr wächst ausschließlich auf totem Holunderholz. Es ist ein labbriger, oranger Pilz, der sich tatsächlich so knorpelig und labbrig anfühlt wie ein echtes Ohr. Er ist essbar und wurde manchmal bei Augenbeschwerden eingesetzt. Eine Legende besagt, dass sich Judas an einem

Hollerbusch erhängen wollte. Doch der Holunder wollte sich nicht dafür hergeben und zog seine Äste so schnell nach oben, dass einer der Äste dem Verräter dabei ein Ohr abtrennte.

HOLUNDERESSIG

Holunderblüten • Bio-Apfelessig

Die Holunderblüten gibst du in ein verschließbares Glas und bedeckst sie mit einem guten Bio-Apfelessig. Dann darf das Gefäß samt Inhalt mindestens 14 Tage in warmer Umgebung (zum Beispiel in der Küche) stehen. Einmal täglich sollte der Essig geschüttelt werden, damit auch wirklich alle guten Aromen und Düfte auf den Essig übergehen können.

Ich für meinen Teil mache mich nun mit meiner schrecklichen Medusamähne unter meinem Hut auf den Weg. Diese Sturmfrisur kann einzig und allein der qualifizierte Meisterfriseur bändigen. Bleibt bloß zu hoffen, dass mir unterwegs kein Holunder begegnet, denn dann lässt mir meine gute Kinderstube nichts anderes übrig, als den Hut zu ziehen und mein zerzaustes Kopffell zu präsentieren.

KLUGSCHEISSERWISSEN

Die wunderschönen Blüten sind weiß und tellerförmig. Bei den Zutaten von Holunderrezepten steht häufig etwas von Dolden, aber botanisch gesehen ist das unzutreffend. Bei einer Dolde gehen die einzelnen Strahlen von einem einzigen Punkt aus (siehe Bärenklau). Bei einer Scheindolde, wie wir sie beim Holunder vor uns haben, beginnen die Strahlen an unterschiedlichen Punkten und verzweigen sich manchmal sogar noch einige Male.

HOPFEN
Humulus lupulus

Der drängelnde Sonnenanbeter

Familie: Hanfgewächse
Nennenswerte Inhaltsstoffe: Phytoöstrogene, Flavonoide, ätherische Öle, Gerbstoffe, Bitterstoffe
Anwendung: schlaffördernd, bei Nervenbeschwerden, Wechseljahrsbeschwerden
Verwendete Pflanzenteile: weiche Zapfen, junge Triebspitzen

„Da ist Hopfen und Malz verloren."
Diese Redewendung stammt aus der Zeit, in der man noch zu Hause Bier braute. Manchmal kam es vor, dass die Biermischung nicht gelang und auch nicht mehr zu retten war. Und so waren alle Zutaten, vor allem Hopfen und Malz, verloren.
Bei mir ist Hopfen und Malz auch manchmal verloren. Versucht man, mir komplizierte Sachverhalte über Computer und eigensinnige Drucker zu erklären, bin ich raus. In diesem Leben wird das wohl nichts mehr. Das könnt ihr mir glauben.

Der Hopfen ist entweder ziemlich intelligent oder eine richtig faule Socke. Als Kletterpflanze verschwendet er seine Energie nicht, um ein stabiles Stützgerüst für sich zu entwickeln. Lieber hält er sich an allem fest, was ihm unter die Ranken gerät. Egal ob Baum, Laternenmast oder ein einfacher Maschendrahtzaun, für ihn ist das alles nur Mittel zum Zweck. Denn eines ist sicher: Er will hoch hinaus. So kann man ihm fast beim Wachsen zusehen. Er schafft es in wenigen Stunden,

Taschenwissen für die Kaffeepause
pflanzliche Östrogene
Rechtswinder
Nervenmittel

seine Ranken um bis zu 10 cm zu verlängern. Das heißt, eine Drehung um die Kletterhilfe bekommt er in einem halben Tag hin. Als wahrer Sonnenanbeter möchte er immer das meiste Sonnenlicht und den besten Platz an der Sonne. So drängelt er sich schamlos und ohne Rücksicht auf Verluste vor, windet und suhlt sich in wärmendem Sonnenlicht.

KLUGSCHEISSERWISSEN

Wenn man von oben auf die Hopfenranken schaut, drehen sie sich bzw. wachsen sie im Uhrzeigersinn. Man könnte also fast behaupten, der Hopfen klettert recht(s) gerne. Im Unterschied zu anderen Kletterpflanzen, die meistens linkswindend sind, wie zum Beispiel die Bohne, ist der Hopfen ein Rechtswinder. Den Weinreben hingegen ist die Richtung überhaupt egal: Sie kennen weder rechts noch links und wechseln die Richtung je nach Lust und Laune. Das Wachstum in Windungen hat der Hopfen seinen Zellen zu verdanken. Während sie an der einen Seite (mit wahrscheinlich mehr Licht) länger sind, bleiben sie auf der gegenüberliegenden Seite kürzer.

Als zweihäusiges Gewächs wächst der Hopfen entweder als weibliche oder als männliche Pflanze. Die bekannten Hopfenzapfen trägt allerdings nur die weibliche Pflanze. Eine Räucherung mit Hopfenzapfen, eventuell auch Lavendel und Baldrian, wirkt beruhigend und ist vor allem am Abend ratsam, allerdings nicht zu unmittelbar vor dem Schlafengehen.

Gerne und oft wird der Hopfen bei Wechseljahrsbeschwerden eingesetzt. Er enthält nämlich Phytoöstrogene, also pflanzliche Östrogene, die den weiblichen Östrogenen recht ähnlich sind. Mit ihrer Hilfe kann das Absinken der Östrogene in den Wechseljahren etwas abgefedert und den Beschwerden etwas abgeholfen werden.

Auch für ein strapaziertes und gestresstes Nervenkostüm kann der Hopfen durchaus eine Wohltat sein, und bei Einschlafstörungen ist er als Bruder des Hanfs der Hit. Der Hopfen beruhigt und entspannt, aber ohne zu berauschen. Hierzu kann man den Hopfen gerne als Tinktur oder als Teemischung verwenden. In äußerster Not hilft auch ein kühles Bier.

Rechtswinder: Von oben betrachtet windet sich der Hopfen im Uhrzeigersinn.

ALLES-NERVT-MICH-TEE

40 g Melisseblätter • 30 g Hopfenblüten • 10 g Weißdornblätter und -blüten • 5 g Lavendel • 5 g Baldrianwurzel

Die Mischung übergießt du mit heißem Wasser und lässt sie etwa 7 Minuten zugedeckt ziehen.
Du kannst täglich am Abend 1 Tasse davon schluckweise trinken.

Ich für meinen Teil werde hier nun schleunigst eine Runde mit Hopfenzapfen räuchern und mir einen Alles-nervt-mich-Tee genehmigen. Gleich muss ich noch wichtige Dokumente ausdrucken und mein tückischer alter Widersacher, der Drucker, wird das sicher auf eine sehr gemeine und außerordentlich komplizierte Weise zu verhindern wissen.

KNOPFKRAUT

Galinsoga parviflora

Der getarnte Soldat Napoleons

Familie: Korbblütler
Nennenswerte Inhaltsstoffe: Bitterstoffe, Eisen, Schleimstoffe
Anwendung: bei erhöhtem Blutdruck, Verdauungsproblemen
Verwendete Pflanzenteile: Kraut

„Oh mon dieu!", da steht doch tatsächlich ein Franzose in meinem Garten.
Er trägt zwar weder Baskenmütze noch Ringelshirt, und ein langes, knuspriges Baguette sehe ich auch nicht ... Trotzdem kann ich ihn ganz genau erkennen. Dieser Lauser hat sich als Pflanze getarnt: als Knopfblume alias Franzosenkraut.

Tatsächlich stammt die Pflanze ursprünglich aus Südamerika und nicht aus Frankreich. Sie ist zu Napoleons Zeit nach Europa gekommen. Da das Knopfkraut anscheinend so sehr nervte wie Napoleons ungeliebte Truppen und ebenso wie diese in Europa omnipräsent war, wurde es kurzerhand nach diesen Franzosenkraut benannt. Den einen oder anderen erinnerten die kleinen gelben Blüten allerdings mehr an die Knöpfe der französischen Uniformen. Daher der zweite und ebenso weit verbreitete Name Knopfkraut.

Das Franzosen- oder Knopfkraut zählt zu den Korbblütlern. Das ist die Pflanzenfamilie, die immer einen Korb voller Blüten mit sich trägt. Hier gibt es allerdings drei verschiedene

Taschenwissen für die Kaffeepause
Franzosenkraut
Neophyt
Vitalstoffpflanze

Gruppen. Manche besitzen nur Zungenblüten, andere nur Röhrenblüten und eine dritte Gruppe kann mit beidem aufwarten.
Die Vertreterinnen mit den Zungenblüten fallen einem sofort auf. Man erkennt sie ganz leicht, weil sie wirklich an kleine Zungen erinnern. Zu ihnen zählen die Wegwarte, der Löwenzahn und das Habichtskraut. Der Beifuß, die Kornblume und der Rainfarn bilden ausschließlich Röhrenblüten. Vor allem beim Beifuß muss man schon ganz genau hinschauen, um die röhrenartige Form zu erkennen. Zur Gruppe, die beides bildet, gehören der Sonnenhut, die Margerite und natürlich auch die Knopfblume. Sie bildet fast ausnahmslos fünf weit voneinander abstehende Zungenblüten sowie gelbe Röhrenblüten in der Mitte. Die weißen Zungenblüten sind höchstens halb so groß wie der Durchmesser des gelben Köpfchens.

Die Heilwirkungen des Knopfkrautes halten sich in Grenzen. Das liegt zum einen daran, dass das Kräutlein hier bei uns noch eher „neu" ist und sich die Volksheilkunde noch nicht näher damit befasst hat, und zum anderen am Umstand, dass es gerne einfach als lästiges Unkraut abgetan wird. Zwar enthält es Eisen, Vitamin C und Ballaststoffe, aber im Kampf gegen Krankheiten spielt es eine minimale bis gar keine Rolle. Allerdings wird ein leicht blutdrucksenkender Effekt vermutet, und die enthaltenen Bitterstoffe aktivieren den Verdauungstrakt.

In der Ernährung ist die Pflanze jedoch ein geschmacklicher Knaller. So dienen ihre jungen Blätter als französische Salateinlage. Die vielen Vitalstoffe, die sie zu bieten hat, genießt man am besten in rohem Zustand.

Die kleinen Blüten erinnern an die Knöpfe der französischen Uniform.

FRANZÖSISCHER SMOOTHIE

1 Handvoll Knopfkrautblätter • 1 Handvoll Gierschblätter • 1 Handvoll Brennnesselblätter • 1 Banane • 2 Handvoll Heidelbeeren • 4–6 eingeweichte Datteln

Für diesen nährstoffreichen Smoothie gibst du alle Zutaten in einen Mixer und pürierst sie so lange, bis eine dickflüssige Masse entsteht.

Ich für meinen Teil werde jetzt Französisch lernen, da ich beobachte, wie mein schöner Garten immer voller und französischer wird. Es wird schon fleißig Baguette gebacken, Wein eingeschenkt, und ganz hinten versucht einer sogar, die französische Fahne zu hissen. Oh mon dieu!

KLUGSCHEISSERWISSEN

Das Knopfkraut wird auch gerne als Neophyt bezeichnet. Das sind sogenannte Neu-Pflanzen, die hier in Europa nicht heimisch sind. Viele von ihnen verbreiten sich allerdings schnell und verdrängen so leider auch hiesige Pflanzen. Diese invasiven Neophyten sind eine echte Bedrohung für Pflanzen, die es beim Wachsen nicht so eilig haben. Zu den etwas problematischeren „Invasivlingen" zählen eindeutig das drüsige Springkraut und die kanadische Goldrute.

KÖNIGSKERZE
Verbascum ssp.

Petrus' würdige Vertreterin

Familie: Braunwurzgewächse
Nennenswerte Inhaltsstoffe: Saponine, Schleimstoffe
Anwendung: bei Husten, auswurffördernd, schweißtreibend
Verwendete Pflanzenteile: Blüten, Blätter

„Hey Petrus, wie wird denn das Wetter?"
Als Bürgermeister des Wetters hört man diese Frage alle zwei Minuten, Tag und Nacht. Was macht man da, wenn man sich als Heiliger im Himmel keinen Wutausbruch leisten kann? Petrus gab mit Freuden so manchen Pflanzen einen Teil seiner Gabe ab, damit sie sich zu kleinen Wetterpropheten entwickelten. Leider läuft das Marketing dafür nicht ganz so gut, sodass viele Menschen immer noch die Geduld des armen Petrus auf eine harte Probe stellen.

KLUGSCHEISSERWISSEN

Die Königskerze ist eine eindeutige Wetterprophetin aus dem Team Petrus. Mit ihrer stattlichen Größe von bis zu 2 m ragt sie fast weit genug hinauf, um beim täglichen Kaffee mit Petrus die aktuelle Wettersituation zu besprechen. Zu dieser gibt sie uns gutmütigerweise Zeichen:

- Ist ihr Stängel ganz unten schon mit Blüten bedeckt, folgt der Winter recht zeitig im Jahr.
- Neigt sich ihre Spitze nach Westen, kommt schlechtes Wetter. Zeigt sie nach Osten, so kann man schönes Wetter erwarten.
- Ist die Blattrosette am Boden sehr dicht und mit vielen Blättern gebildet, schneit es vor Weihnachten. Dichte Blätter im oberen Teil bedeuten, dass es erst im neuen Jahr schneien wird.

Die leuchtend gelben Blüten der Königskerze wirken dank der enthaltenen Saponine und Schleimstoffe bei Husten nachweislich reizlindernd und auswurffördernd. Vor allem bei trockenem Husten wirkt ein Tee aus Blütenblättern sehr beruhigend. Auch für Kinder ist dies eine sehr geeignete und leckere Medizin. Da die Königskerze auch etwas antibakteriell und antiviral wirkt, ist sie sehr empfehlenswert als Zutat von Grippe- und Erkältungstees.

Die Königskerze wirft ihre Blüten sehr schnell wieder ab. Jene, die am Morgen noch in strahlendem Gelb leuchteten, liegen noch vor der Dämmerung traurig und kraftlos auf dem Boden. Doch am nächsten Morgen hat sich der ganze Stängel wieder mit neuen gelben Schönheiten eingekleidet. Den Bienen hat sie zwar immer wieder viele neue Blüten zu bieten, aber mit dem Nektar ist sie sparsam. Die Menge an Pollen ist da schon deutlich größer. Trotzdem ist die Königskerze bei Bienen und Hummeln sehr beliebt.

Aufgrund der stark behaarten Blätter wird die Königskerze auch Wollblume genannt. Die Härchen schützen sie vor allzu starker Verdunstung. Und so manchen Wanderer hat eine Einlage aus den kuscheligen Blättern schon vor sehr schmerzhaften Blasen an den Füßen bewahrt.

Traditionell bildet die Königskerze zu Mariä Himmelfahrt am 15. August die Mitte der Kräuterbuschen. Das sind Sträuße aus verschiedenen Kräutern, die an diesem Tag in der Kirche geweiht werden. Den Bauern dienten diese Gebinde früher als kleine Hausapotheke: War eine Kuh krank, wurden ihr Teile der geweihten Kräuter unters Futter gemischt. Sogar die Familienmitglieder wurden damit behandelt. Denn was dem Vieh guttat, konnte für den Menschen auch nicht schädlich sein. Zog ein Unwetter auf, wurde ein Teil des Straußes verräuchert, um vor Blitzeinschlag zu schützen.
Heute besänftigt die Königskerze als beliebte Räucherpflanze das Gemüt, vermindert Streitlust und baut emotionale Spannungen ab. Dazu reinigt sie die Wohnräume und auch die eine oder andere Aura.

KÖNIGSTEE

40 g Königskerzenblüten • 40 g Spitzwegerichblätter • 20 g Malvenblüten • 10 g Thymian

Die Kräutermischung wird mit kochendem Wasser übergossen. Bei hartnäckigem Husten kannst du täglich 3–4 Tassen dieser Mischung trinken. Der Tee wirkt beruhigend und hilft beim Abhusten.

Ich für meinen Teil warte sehnlichst auf die Antwort meines lieben Petrus. Ich habe nämlich die verlässlichen Königskerzen in meinem Garten damit beauftragt, bei ihm vorsichtig zu erfragen, wie denn das Wetter die nächsten Tage wird. Hoffentlich fühlt er sich davon nicht schrecklich genervt. Nicht dass er mir am Ende noch ein abscheuliches Unwetter schickt.

Taschenwissen für die Kaffeepause
Wetterprophetin
Hustenmittel
schnelle Regenerationszeit

28

ECHTES LABKRAUT

Galium verum

Der falsche Kaffee

Familie: Rötegewächse
Nennenswerte Inhaltsstoffe: Flavonoide, ätherische Öle, Gerbstoffe, Cumarine, Aucubin
Anwendung: blutverdünnend, harntreibend, lymphanregend, krampflösend, angstlösend, stimmungsaufhellend
Verwendete Pflanzenteile: Kraut

Menschen, die morgens ohne Kaffee auch nur das Geringste auf die Reihe kriegen, sind mir schon etwas suspekt. Würde man mir den morgendlichen Eimer voll schwarzem Gold verweigern, könnte ich für nichts mehr garantieren. Doch leider zähle heute auch ich zu diesen komischen Menschen, weil mein Vergangenheits-Ich vergessen hat einzukaufen. Dann muss ich wohl oder übel schon im schlabbrigen Nachthemd in den Garten, um etwas Labkraut zu finden.

Das Labkraut gehört zur selben Familie wie die Kaffeepflanze. In Notzeiten kam schon mal Labkrautkaffee auf den Frühstückstisch. Hierfür wurden die Früchte der Pflanzen verwendet. Die aufputschende Wirkung des Labkrauts kann es aber nicht mit jener des Kaffees aufnehmen. Wahrscheinlich wurde das Labkraut daher auch lieber zur Käseherstellung verwendet. Den Nachweis liefert uns der botanische Name:

Taschenwissen für die Kaffeepause
verwandt mit der Kaffeepflanze
Blutverdünner
Käsekraut

Galium wurde vom Wort *gala* abgeleitet, was so viel wie Milch bedeutet. Hier wird auf den Pflanzensaft des Kräutleins angesprochen, das auch zur Käseherstellung verwendet wurde. Die Labkräuter werden in Milch eingelegt, bis eine Art Quark entsteht, der dann zu Käse weiterverarbeitet werden kann. Die Pflanze enthält allerdings keines der Enzyme, die im Kälbermagen vorkommen. Trotzdem wird sie im englischen Chesterkäse noch zum Färben verwendet.

Die bekanntesten Labkräuter-Arten sind wohl das Wiesen-Labkraut, das Kletten-Labkraut und auch das Echte Labkraut. Das Wiesen-Labkraut hat weiße Blüten und quirlständige Blätter. Der einzige Unterschied zwischen dem Kletten-Labkraut und dem Wiesen-Labkraut besteht darin, dass an der gesamten Pflanze des Kletten-Labkrauts kleine Häkchen zu finden sind. Mit denen kann es sich festhalten, an anderen Pflanzen hochklettern und sich den besten Platz an der Sonne sichern. Das Echte Labkraut kann das leider nicht. Es unterscheidet sich von den anderen durch die gelben Blüten und die nadelartigen Blätter und darf sich deshalb „echt" nennen, weil ihm eine stärkere Heilkraft zugeschrieben wird.

Das Echte Labkraut erweist sich in Kombination mit Johanniskraut sogar bei Angst als stabiles Grundgerüst. In der Volksheilkunde geht man von einer krampflösenden und stimmungsaufhellenden Wirkung aus. So wird es auch Trostkraut genannt. Labkraut enthält auch Cumarine, Wirkstoffe mit blutverdünnenden bzw. gerinnungshemmenden Eigenschaften. Für diese Anwendung eignet sich das frische, etwas angetrocknete Kraut, denn die Cumarine werden erst durch den Trocken- und Welkvorgang frei.

Auch eine schwach harntreibende Wirkung wird dem Labkraut zugeschrieben. Bei einer harntreibenden Teemischung kommen Goldrute, Birke, Brennnessel, Schachtelhalm und Bärentraube als Hauptzutaten infrage, das Echte Labkraut kann als gute Unterstützung beigemischt werden. Vor nicht allzu langer Zeit war das am Rücken einer Person klebende Labkraut übrigens ein klares Zeichen dafür, dass diese eine heimliche Liebschaft hatte.

KLUGSCHEISSERWISSEN

Das Echte Labkraut ist ein selbststeriler Spreizklimmer. Na, wenn dieser Satz nicht in die Top-10-Liste der ultimativen Kräuterklugscheißer-Sätze gehört, dann bin ich mit meiner Botanik am Ende. Wer diesen Satz jedoch verwenden möchte, muss alle Fragen, die diese Aussage nach sich zieht, einwandfrei beantworten können: Selbststeril bedeutet, dass die Pflanze keine Samen bildet, wenn sie mit genotypisch, also vom Erbmaterial her gleichen oder ähnlichen Pollen bestäubt wird. Spreizklimmer besitzen keine speziell ausgebildeten Pflanzenteile wie Rankhilfen oder Haftorgane. Das Labkraut verspreizt sich mit dem Umfeld und bildet dann lange, sparrige Triebe, die für noch mehr Stabilität sorgen. Der Stabilität dienen auch die Stacheln oder Dornen, über die manche Spreizklimmer verfügen. Auch Brombeeren und Kletterrosen zählen zu den Spreizklimmern. Das Echte Labkraut paart sich also nicht mit zu ähnlichen Pflanzen und klettert ohne Kletterhilfen.

LABKRAUTBOWLE

1 Bund Labkraut • 1 l Apfelsaft • 1 Bio-Zitrone • etwas Mineralwasser • mindestens 1 Handvoll Heidelbeeren • frische Melisse- oder Minzblätter

Du nimmst einen selbst gepflückten Bund Labkraut und gibst ihn für etwa 2 Stunden in den Apfelsaft. Nach dieser Zeit mischst du noch den Saft einer Zitrone und einen kräftigen Schluck Mineralwasser dazu. Zum Schluss folgen noch eine Handvoll (gerne auch mehr) Heidelbeeren und ein paar Minze- oder Melisseblätter. Kleiner Tipp: Erwachsene ersetzen den Apfelsaft einfach durch leckeren, eiskalten Weißwein. Prost.

Ich für meinen Teil habe gerade einen riesigen Strauß Labkraut gepflückt, um mir eine Riesentasse falschen Labkrautkaffee zu brühen. Hoffentlich hat sich dabei kein Labkraut versehentlich auf meinen Rücken verirrt. Als mich der Nachbar gesehen hat, hat er so komisch gegrinst ...

29

(Taubenkropf-) Leimkraut
Silene vulgaris

Die nachtaktive Oma

Familie: Nelkengewächse
Nennenswerte Inhaltsstoffe: Saponine
Anwendung: zur Anregung des Stoffwechsels
Verwendete Pflanzenteile: junge Triebe

Meinen eigenen und ganz privaten Studien zufolge kann man auch in der Pflanzenwelt verschiedene Persönlichkeiten und Charaktere entdecken. Es verhält sich im Grunde genauso wie bei uns Menschen: Die einen sind so richtig nervig und aufdringlich, die anderen giftig und ungenießbar, und manche lügen dir das Blaue vom Himmel. Das machen sie so überzeugend und gut, dass viele Insekten und manchmal sogar der eine oder andere Kräuterneuling darauf reinfallen. Dabei geben sie frecherweise vor, etwas zu sein oder zu haben, was sie weder sind noch besitzen. Sogar ich als kundiges Blumenmädchen bin schon so mancher charmanten Blume auf den Leim gegangen. Und ich bin immer noch davon überzeugt, dass sie das extra gemacht hat. Doch so schnell wird mir das nicht wieder passieren.

Wem ich allerdings immer wieder gerne auf den Leim gehe, sind die wundervollen Leimkräuter.

Taschenwissen für die Kaffeepause
erinnert an Omas Unterwäsche
nicht klebrig
nachts duftend

Den Namen Leimkraut verdanken diese Pflanzen bestimmten Drüsen, die eine Art Klebstoff produzieren. Kommen die sauberen Beinchen ahnungsloser Insekten mit diesen Klebern in Berührung, transportieren die Füßchen dann die Pollen der Pflanze weiter und sichern so den Leimkräutern eine zahlreiche Nachkommenschaft. Das Taubenkropf-Leimkraut bildet hier allerdings eine Ausnahme: Es besitzt diese Drüsen nicht.

Eine weitere Ausnahme bildet die Blume bei ihren Aktivitäten. Sie ist eine echte Nachteule. Zwar sind ihre Blüten den ganzen Tag geöffnet, jedoch lockt sie erst in den Abend- und Nachtstunden mittels eigener Duftstoffe hungrige Insekten und vor allem Nachtfalter an. Man könnte fast behaupten, dass sie sich abends ihr verlockendes Parfüm auflegt, um dann mit dem ein oder anderen Gin Tonic ins Partyleben zu starten. Vielleicht wirkt sie deshalb auch ein wenig aufgedunsen. Böse Zungen nennen sie aufgrund ihres kugeligen Blütenkelches auch Aufgeblasenes Leimkraut.

Mich persönlich erinnert das Taubenkropf-Leimkraut eher an die Unterwäsche einer Oma. Der blassrosa Blütenkelch mit den weißen Blütenblättern könnte tatsächlich als knielanger Omaschlüpfer mit weißen Rüschen durchgehen. Beim nächsten Spaziergang könnt ihr dann ja mal zählen, wie viele von Omas Unterhosen nach der langen Partynacht in der Wiese liegen geblieben sind. Kleiner Tipp: Je nach Jahreszeit sind es etliche bis irre viele.

Farblich von den Blüten zu unterscheiden sind die Blätter der Blume. Sie erstrahlen in einem Farbmix aus Blau, Grau und Grün, sind also leicht zu erkennen und sehr gut zum Sammeln und Verarbeiten geeignet. Die jungen Blätter enthalten einige Mineralstoffe, Bitterstoffe und auch Saponine, die dem Köper bei der inneren Reinigung helfen können.

OMAS ITALIENISCHE NUDELPFANNE

2 Handvoll junge Triebe des Taubenkropf-Leimkrautes • 1 halbe Zwiebel • 2–3 Knoblauchzehen • 1 Handvoll Oliven und Kapern • 1 Handvoll Pinienkerne • 20 Cocktailtomaten • Spaghetti • scharfes Öl und frisches Basilikum

Die jungen Triebe des Taubenkropf-Leimkrautes werden noch vor der Blüte gesammelt und kurz gewaschen. Dann gibst du Zwiebeln, Knoblauch, Oliven, Kapern, Pinienkerne und Cocktailtomaten in eine heiße Pfanne und röstest alles kurz an. Als Letztes gibst du die sehr bissfest gekochten Spaghetti und die grob zerkleinerten Triebe dazu. Dann nimmst du die Pfanne vom Herd und lässt das Gericht noch etwa 5 Minuten ziehen. Garniert wird mit etwas Peperoncino-Öl und frischem Basilikum.

Ich für meinen Teil werde keiner Pflanze mehr auf den Leim gehen. Ich werde nun zukünftig bei fragwürdigen Pflanzenbehauptungen immer das Taubenkropf-Leimkraut zu Rate ziehen. Es ist die einzige Pflanze, die nicht lügt und auf die ich mich verlassen kann. Die meisten anderen sind Lügnerinnen, Betrügerinnen, Hochstaplerinnen und lachen sich kaputt, wenn sie ein sorgloses Blumenmädchen an der blütenschnuppernden Nase herumführen können.

KLUGSCHEISSERWISSEN

Der botanische Name dieser Pflanze geht laut der griechischen Mythologie auf den Begleiter des Dionysos zurück. Dieser Mann namens Silen galt als ausgesprochen wohlgenährt, um es freundlich auszudrücken. Hier hat wohl ein etwas frecher Schelm eine große Ähnlichkeit zwischen dem beleibten Silen und der kugeligen Blume bemerkt und sofort eine arglose Blume mit dem kultigen Namen gestraft.

(ROTE) LICHTNELKE
Silene dioica

Die Pferdemenschenblume

Familie: Nelkengewächse
Nennenswerte Inhaltsstoffe: Saponine
Anwendung: in der Bachblütentherapie
Verwendete Pflanzenteile: Kraut

„Soll das heißen, dass ich dick bin?"
So habe ich letzthin entsetzt meine Lieblingsjeans angeschrien, als sie mich den Hosenknopf fast nicht mehr hat schließen lassen. Frechheit. Im Eifer des Gefechts und mit eisernem Willen, diesen Knopfkampf zu gewinnen, mussten leider Unschuldige ihr Leben lassen. Meine heiß geliebte Bonbonschale ging zu Bruch. Ja, ich besitze so etwas. Den Tatsachen ins Auge blickend, musste ich mir eingestehen, es in letzter Zeit mit den Süßigkeiten schon etwas übertrieben zu haben. Aber wie heißt es so schön: Ein Menschlein ohne Bäuchlein ist wie eine Wiese ohne Blumen. Schon anhand der üppigen Rubensfrauen zeigte sich, wie schön eine Frauenwiese mit vielen Blumen sein kann. So haben sich zum Beispiel auch die weiblichen Blüten der Roten Lichtnelke für etwas üppigere Rundungen entschieden.

Taschenwissen für die Kaffeepause
zweihäusig
Bachblüte fürs Selbstbewusstsein
junge Triebe essbar

Klugscheißerwissen Kräuter

125

KLUGSCHEISSERWISSEN

Wie schon erwähnt, findet man bei den Roten Lichtnelken Pflanzen mit weiblichen Blüten und Pflanzen mit männlichen Blüten. Allerdings versucht man, uns mit dem botanischen Namen in die Irre zu führen. Denn wie wir schon bei der Brennnessel gehört haben, bedeutet *dioica* so viel wie zweihäusig. Da es vereinzelt allerdings auch Pflanzen gibt, die Blüten mit beiden Geschlechtern aufweisen, ist dieser Ausdruck nicht hundertprozentig korrekt. Statt zweihäusig müsste es also folgerichtig dreihäusig heißen. Aber wer will hier schon klugscheißern? Ach ja, ich bin das.

Auch beim botanischen Vornamen *Silene* hat man ein wenig geschludert. Als Silene werden nämlich in der griechischen Mythologie Mischwesen aus Mensch und Pferd bezeichnet. Wahrscheinlich geht auch dieser Begriff – im Falle der Roten Lichtnelke – auf die „falsche" Zweihäusigkeit der Pflanze zurück. Da kann man sich schon eindeutig besser an den unkomplizierten deutschen Namen halten. Ein klarer, einfacher Geist erkannte in der Blume eine Nelke, die bevorzugt an hellen und lichtdurchfluteten Plätzen gedeiht. Ohne komplizierte Umwege über irgendwelche dahergelaufene Mischwesen und mit ganz wenig Chichi wurde der wirklich treffende Name Lichtnelke geboren. So einfach geht das.

Einfach machen es sich auch viele Schmetterlinge. Und das ganz zu Recht. Diese bunten Insekten gelangen mit ihrem langen Rüssel bequem und elegant an den etwas versteckten, aber sehr schmackhaften Nektar. Dicke Brummer namens Hummeln gehen da etwas brachialer vor. Da ihr kleiner Rüssel nicht lang genug ist, um an den Nektar zu gelangen, wird kurzerhand von außen ein Loch in den Blütenkelch gebissen.

Links die weibliche Blüte mit rundem Blütenkelch, rechts die männliche Blüte mit zylinderförmigem Blütenkelch

Betrachtet man die Blüten der Roten Lichtnelke etwas genauer, kann man ganze fünf eingeschlitzte Blütenblätter erkennen. Mich erinnern sie etwas an kleine, pinke Herzen. Trägt die Pflanze weiße Herzchen, so ist die Rede von der Weißen Lichtnelke. Diese beiden Pflanzen können sich kreuzen, sodass neue Pflanzen entstehen. Hier sind alle erdenklichen Blütenfarben zwischen Pink und Weiß möglich.

Die Früchte präsentieren sie uns jedoch alle auf ein und dieselbe Weise: in einer edlen Bonbonschale. In dieser Kapsel – wie der fantasielose, aber richtige Begriff lautet – liegen die Samen der Lichtnelken ganz offen. So können sie bei starkem Wind oder gezielter Berührung herausfallen.

SILENIOLI – RAVIOLI MIT LICHTNELKENFÜLLUNG

etwa 250–300 g frischer Nudelteig • 150–200 g Ricotta •
1 Handvoll Blätter und Blüten der Roten Lichtnelke •
1 Handvoll Bärlauchblätter • 1 Handvoll Gierschblätter •
Pinienkerne • Gewürze nach Belieben

Die Zubereitung der Silenioli ist ganz einfach: Du rollst den frischen Nudelteig aus und schneidest ihn in kleine Rechtecke. Auf jedes Rechteck kommt ein Häufchen der Mischung aus Ricotta, Blättern und Blüten der Lichtnelke, Bärlauch, Giersch, Pinienkernen und den Gewürzen. Dann legst du ein zweites Teigrechteck darüber und drückst die Ränder gut zusammen. Wenn die kleinen Teigpakete gut verschlossen sind, darfst du sie jetzt Silenioli nennen. Sie sollen etwa 5 Minuten in Salzwasser köcheln und werden anschließend mit heißer Salbeibutter veredelt. Mahlzeit.

Ich für meinen Teil werde mir nun aus reinem Trotz eine neue und noch viel größere Bonbonschale zulegen, in der noch mehr Süßigkeiten Platz haben. Um mein Bäuchlein mache ich mir dabei keine Sorgen, denn auf meiner eigenen Wiese dürfen gerne hier und da auch ein paar Blumen wachsen.

LÖWENZAHN

Taraxacum officinale

Die bittersüße Pissblume

Familie: Korbblütler
Nennenswerte Inhaltsstoffe: Bitterstoffe, Flavonoide, Saponine, Kalium
Anwendung: entgiftend, entwässernd, entsäuernd, gallebildend, unterstützend für das Lymphsystem, bei Rheuma
Verwendete Pflanzenteile: Blüte, Blatt, Wurzel

Als ambitionierte Kräuterdame muss man mindestens einmal im Jahr ein hübsches Kränzchen aus frischen Blumen flechten. So will es das ungeschriebene Kräutergesetz. Meine Favoriten sind dabei die Kornblume, die Margerite und der Rotklee. Der Blumenkranz aus den Löwenzahnblüten ist aber auch ein echter Hingucker. Man darf nach dem Flechten mit den Fingern aber nicht in die Nähe des Mundes kommen. Der Geschmack des milchigen Löwenzahnsaftes ist nämlich eine bittere Enttäuschung.

Bitterstoffe sind meine ganz persönlichen Superstars unter den sekundären Pflanzeninhaltsstoffen. Sie regen die Verdauung und sogar das Immunsystem an. Unser Körper, dieser Fuchs, hat über die Jahrtausende gelernt, dass das, was bitter schmeckt, auch giftig sein könnte. So aktiviert er beim kleinsten bitteren Geschmack schon mal vorsichtshalber das

Taschenwissen für die Kaffeepause
Pissblume
hoher Kaliumgehalt
Bitterkeits-Uhu

Klugscheißerwissen Kräuter

Immunsystem, um im Fall der Fälle superschnell reagieren zu können. Zudem regt er auch noch die Verdauung an, um etwaige Gifte unverzüglich aus dem Körper zu befördern.

Trotz seiner heilenden Inhaltsstoffe wird der Löwenzahn immer noch als Unkraut und oft sogar als Pissblume bezeichnet. An Letzterem ist etwas Wahres dran: Der Löwenzahn besticht nämlich durch seine harntreibende Wirkung. Er hilft nicht nur bei der Urinausscheidung, sondern liefert auch noch Kalium, was andere harntreibende Pflanzen in diesem Maße nicht enthalten. Der Löwenzahn ist generell eine Einschleuserpflanze für viele Spurenelemente. Auch bei rheumatischen Erkrankungen sollte er wegen seiner (blut-)reinigenden Wirkung niemals fehlen.

Wer den Löwenzahn nach diesen coolen Fakten immer noch aus seinem Garten verscheuchen möchte, sollte auf alle Fälle bis zum nächsten abnehmenden Mond warten. In jener Phase, so sagt man, ziehen sich die Pflanzenkräfte in die Wurzel zurück und stärken diese somit. Fürs Jäten ist das ideal. So kann man mit einem einzigen geübten Stich die gesamte Wurzel aus der Erde holen, ohne dass irgendwelche Rückstände davon im Boden bleiben. Die Wurzeln kann man dann unter fließendem Wasser abbürsten, klein schneiden und trocknen. Sind die Wurzelstücke gut getrocknet, kann man eine Löwenzahntinktur zubereiten, über die sich Leber, Galle und auch Lymphsystem freuen.

Aus der Löwenzahnwurzel wurde in Notzeiten übrigens auch Kaffee hergestellt. So wurden Eicheln, Wegwartenwurzeln und eben auch Löwenzahnwurzeln verarbeitet. Der Name dieser Kaffeeart lautete Muckefuck, was auf das französische *Mocca faux* zurückgeht und „falscher Kaffee" bedeutet.

Am schmackhaftesten sind jedoch die Löwenzahnblüten. Sie überzeugen mit einem milden und süßlichen Geschmack. Mir dienen sie als Snack für zwischendurch und als Farbtupfer auf Brötchen und in Salaten. Ein weiterer Tipp für verwöhnte Gaumen ist das Löwenzahnsalz. Dazu wird einfach grobes Salz mit den Blüten gemixt.

KLUGSCHEISSERWISSEN

Die Bitterkeit von Pflanzen kann anhand des Bitterwertes angegeben werden. Man nimmt 1 g Droge (Kraut, Blüten oder Wurzel) und beobachtet, mit wie viel Milliliter Wasser man sie verdünnen muss, bis das Gemisch gerade noch bitter schmeckt. So bedeutet ein Bitterwert (BW) von 10, dass 10 ml Wasser gebraucht werden. Der Löwenzahn gilt als ein Bitterkeits-Uhu. Er weist nämlich einen Bitterwert von unter 100 auf. Kaffee – oder „schwarzes Gold", wie ich ihn gerne nenne – ist mit einem Bitterwert von etwa 8 in diesem Ranking sehr weit unten zu finden, während Wermut mit einem Bitterwert von 15.000 in der mittleren Liga spielt. Die bitterste Pflanze in unseren Gebieten ist wohl die Enzianwurzel. Ihr Bitterwert liegt sage und schreibe bei 25.000!

LÖWENZAHNKAPERN

2 Handvoll geschlossene Löwenzahnknospen • Apfelessig • Wasser • 1 EL Salz • Senfkörner

Die Löwenzahnknospen gibst du in ein verschließbares Glas. Dann werden in einem Topf Apfelessig und Wasser (1 : 1) mit dem Salz und einigen Senfkörnern kurz aufgekocht. Die Flüssigkeit wird noch heiß über die Löwenzahnknospen gegeben. Nach etwa 2 Wochen dunkler und kühler Lagerung kannst du das Glas wieder öffnen und die „falschen Kapern" genießen.

Ich für meinen Teil werde mir nun mein Löwenzahnkränzchen aufsetzen und so schnell es geht meine Finger und Hände spülen, waschen und reinigen. Hatte heute nämlich schon genug Wermuts..., ähm, Löwenzahntropfen.

32

MÄDESÜSS
Filipendula ulmaria

Die königliche Oberkrankenschwester

Familie: Rosengewächse
Nennenswerte Inhaltsstoffe: Salicylsäure, Gerbstoffe, ätherische Öle, Flavonoide
Anwendung: schmerzstillend, schweißtreibend, harntreibend, bei Grippe, entzündungshemmend
Verwendete Pflanzenteile: Blüten, Blätter, Wurzel

Nach einem langen und äußerst lustigen Tag im Schnee beim Rodeln oder Eislaufen wird man nicht selten von heftigen Niesanfällen ganz schnell wieder auf den Boden der Tatsachen zurückgeholt. Eine fiese und unbarmherzige Erkältung ist da. Sie sitzt morgens schon an der Bettkante und wartet ganz geduldig auf ihren quälenden Einsatz: Kopfschmerzen, Husten, Gliederschmerzen ... Manchmal fühlt sich die Erkältung fast schon wie eine ausgewachsene Grippe an. Da hilft nur Ruhe, abwarten, viel Tee trinken und die fürsorglichste aller Oberkrankenschwestern aus der Natur zu Rate ziehen: das Mädesüß.

Mädesüß mildert Schmerzen, senkt Fieber und wirkt schweißtreibend. So lindert es nicht nur die Nachwehen von durchzechten Nächten, sondern auch die typischen Erkältungs- und Grippesymptome.

Taschenwissen für die Kaffeepause
Wiesenkönigin
Namensgeberin des Aspirins
Würzmittel für Met

Seiner Wuchshöhe hat das Mädesüß auch den zweiten Namen Wiesenkönigin zu verdanken. Mit ihrer beachtlichen Größe überragt die Königin fast alle anderen Pflanzen um sich herum, sichert sich auch den allerbesten Platz an der Sonne und überschaut alles. Für uns Menschen bedeutet das: Die Wiesenkönigin hilft uns, den Überblick in schwierigen Situationen zu behalten.

Der deutsche Name Mädesüß geht auf den süßen Honigwein, besser bekannt als Met, zurück. Die Blätter und vor allem die Blüten wurden zum Süßen bzw. Würzen des Getränks eingesetzt. So entstand aus dem Namen Met-süß später Mädesüß. Mit einem süßen Mädel hat das also rein gar nichts zu tun.

KLUGSCHEISSERWISSEN

Aufgrund der stark schmerzstillenden Eigenschaft wurde das Mädesüß ausführlich untersucht. Man konnte diese Wirkung größtenteils Salicylsäure-Verbindungen zuschreiben. Natürlich wurde dann auch versucht, diesen Stoff im Labor herzustellen und in Tablettenform zu bringen. So entstand sie schließlich, diese eine Tablette mit Acetyl-Salicylsäure. Nun ja, die Geschichte ist noch nicht zu Ende. Denn als Dank für diese Erkenntnis wollte man auch der Wiesenkönigin gebührende Ehre erweisen. So verwendete man ihren damaligen botanischen Namen (*Spirea ulmaria*), um die neue Medizin zu benennen. Aus der *Spirea* entstand also das uns allen bekannte Aspirin.

Die Blüten der Wiesenkönigin erscheinen in Rispen.

Betrachtet man ausschließlich die duftenden Blüten und schaut dabei nur mit einem halben Auge hin, könnte man die Wiesenkönigin doch glatt mit Holunderblüten verwechseln. Jedoch gibt es da einen prägnanten Unterschied: Während die Holunderblüten in (Schein-)Dolden gedeihen, erscheinen die Blüten des Mädesüß in Rispen. Zudem sind sie viel filigraner und gehen noch etwas mehr in Richtung Cremefarbe.

An den Blättern kann man etwas für die Familie der Rosengewächse recht Typisches erkennen. Es sind die kleinen Zwischenblätter am Stängel, die man zwischen den größeren Teilblättern findet.

ANGENEHM BLUMIGER GRIPPETEE

Holunderblüten • Lindenblüten • Mädesüßblüten

Die getrockneten Blüten werden zu gleichen Teilen gemischt und griffbereit in die Hausapotheke gestellt. Bei Bedarf übergießt du etwa 2 TL vom zerkleinerten Blütenmaterial mit etwa 150 ml heißem Wasser und lässt die Mischung 5–8 Minuten ziehen. Von diesem Tee trinkst du 4–5 Tassen täglich, um dich gegen die Krankheit zu wehren. Dabei wirkt der Holunder ebenso wie die Linde schweißtreibend und daher reinigend. Das Mädesüß wirkt schmerzlindernd, entzündungshemmend und fiebersenkend. Der perfekte Grippetee also.

Ich für meinen Teil werde mich nun leider meinem erbärmlichen Grippeschicksal ergeben müssen und literweise Tee in meinen kränklichen Körper hineinschütten. Hoffentlich bleibt noch etwas von dem heilsamen Getränk übrig, damit die Tage nach langen Partynächten mit dem reichlich genossenen Met auch noch halbwegs erträglich sind.

MEISTERWURZ

Peucedanum ostruthium

Die Friedensstifterin

Familie: Doldenblütler
Nennenswerte Inhaltsstoffe: ätherische Öle, Bitterstoffe, Cumarine
Anwendung: schweißtreibend, schmerzstillend, Magentonikum, bei Grippe, Husten, Fieber
Verwendete Pflanzenteile: Wurzel, Blätter

Es ist noch keine Meisterin vom Himmel gefallen. Aus dem Boden gewachsen sind jedoch schon so einige, und eine davon hat ein recht großes Ego. Zu Recht, denn sie galt und gilt als ein Allheilmittel. Von Bescheidenheit hält sie nicht viel. Sie bezeichnet sich daher als Meisterin aller Wurzeln, sprich Meisterwurz.

Die Alten sagten: Die Meisterwurz hilft dem Meister auf die Meisterin. Man kann sie bei allen möglichen Krankheiten einsetzen, vor allem aber soll sie die „Lebensgeister" des Mannes unterstützen und fördern. Sie wirkt somit nicht nur stärkend auf die Potenz, sondern erleichtert und verkürzt auch die Erholungsphase nach Krankheiten. Manchmal wird sie auch als heimischer Ginseng bezeichnet.

Die Meisterwurz strotzt nur so vor Kraft. Sie regeneriert sich schnell und verbreitet sich durch ihre Ausläufer fast in

Windeseile. Die Naturheilkunde versucht gerade diese Stärke und Regenerationsfähigkeit zu nutzen. Vor allem bei Grippe ist die Meisterwurz der Hit. Doch auch bei allen möglichen Zipperlein kann man sie einsetzen. Sie wurde nicht umsonst mit dem Titel Kaiserwurz geadelt.

KLUGSCHEISSERWISSEN

Die Meisterwurz wird auch als *amarum aromaticum* bezeichnet. Für alle Nichtlateiner: So nennt man auch duftende bzw. aromatische Bitterstoffdrogen. Da die Pflanze Bitterstoffe, aber auch aromatische ätherische Öl enthält, wird sie dieser Gruppe zugeordnet. Es gibt aber auch Pflanzengruppen, die kein ätherisches Öl enthalten und nur bitter sind. Eine Pflanze dieser Gruppe, wie zum Beispiel der Enzian, ist ein *amarum purum*.

Ätherische Öle werden von Pflanzen zum Schutz vor Fressfeinden und Krankheiten produziert. Eigentlich ganz logisch: Die Pflanzen können ja schlecht ihre Wurzeln in die Hand nehmen und davonlaufen. Den höchsten Gehalt an ätherischen Ölen finden wir in den Wurzeln der Meisterwurz. Das erklärt auch den recht starken Geruch.

Es gibt Hinweise, dass die ätherischen Öle der Meisterwurz freie Radikale fangen und damit als Antioxidantien bezeichnet werden können. Freie Radikale sind Moleküle, die der Körper teilweise durch verschiedene Stoffwechselprozesse selbst produziert. Doch auch von außen, zum Beispiel durch starke UV-Strahlung, Rauchen oder andere Umwelteinflüsse, gelangen diese freien Radikale in den Körper und können dort die Entstehung von Krankheiten begünstigen. Dabei gehen sie recht „radikal" vor: Diesen unvollständigen Gebilden fehlt nämlich ein Elektron. Das entreißen sie ganz frech anderen, gesunden Zellen. So werden auch diese zu freien Radikalen. Mit Antioxidantien kann man diesem oxidativen Stress gut entgegenwirken, da diese freundlicherweise und ganz freiwillig eines ihrer Elektronen verschenken. So kann man fast behaupten, die Meisterwurz wirkt freundlich und besänftigend auf diese Störenfriede und sorgt so für Ruhe in unserem Körper.

Die Wurzeln werden im Herbst geerntet. Wer es ganz richtig machen will, tut das bei abnehmendem Mond. Denn genau dann bringt die Pflanze ihre Wirkstoffe in der Wurzel in Sicherheit, um sie dort den Winter über zu speichern. So spart sie enorm viel Zeit und Energie.

RÄUCHERSTICK

5–6 frische Meisterwurzwurzeln und 1 gute Handvoll Meisterwurzblätter • Paket- oder Baumwollschnur

Etwas dickere Wurzeln kannst du der Länge nach halbieren, bei dünnen Wurzeln ist das nicht nötig. Aus den Blättern und Wurzeln machst du ein Bündel und umwickelst es gut mit einer Paket- oder Baumwollschnur, sodass alles eng sitzt und richtig gut zusammenhält. Dann kannst du den Stick aufhängen und warten, bis er gut getrocknet ist. Je nach Dicke der Wurzel kann das schon mal 2–3 Wochen dauern. Dann ist der Räucherstick bereit und du kannst alle Räume ausräuchern und damit alle bösen Energien, Geister und Dämonen in die Flucht schlagen.
Auch zum Räuchern in den Raunächten zwischen den Jahren stellt die Wurzel der Meisterwurz eine wunderbare Alternative zum Weihrauch dar.

Ich für meinen Teil werde noch einige Schulstunden bei der Meisterwurz abstottern und ihr Handwerk lernen. Da ich weder vom Himmel fallen noch aus dem Boden wachsen kann, muss ich wohl noch etwas üben. Denn auch Übung macht die Meisterin.

Taschenwissen für die Kaffeepause
Meisterin aller Wurzeln
Potenzmittel
Räucherpflanze

34

(ECHTE) NELKENWURZ
Geum urbanum

Die Stalkerin

Familie: Rosengewächse
Nennenswerte Inhaltsstoffe: ätherische Öle, Eugenol, Gerbstoffe
Anwendung: bei Herzbeschwerden, blutstillend, stopfend, verdauungsfördernd
Verwendete Pflanzenteile: Kraut, Wurzel

Als außerordentlich fleißiges Kräutermädchen hat man natürlich bei jedem Spaziergang und jeder Wanderung einen kleinen Weidenkorb oder eine schicke Stofftasche zur Hand. Man weiß ja nie, welches Kräutlein, Blümlein oder Zweiglein mit nach Hause kommen möchte. Das Motto lautet daher: Allzeit bereit. Zu Hause betrachtet man die meist reichliche Ausbeute, ist dann aber überrascht, wenn sich schon wieder einige Pflanzen auf aufdringliche Art und Weise selbst eingeladen haben. Ja, damit bist du gemeint, liebe Nelkenwurz.

Ihre Früchte bilden nämlich kleine Widerhaken aus, mit denen sie sich an wilden Tieren oder sorglos spazierenden Menschen und vor allem an fleißigen Kräutermädchen festhalten können. Diese dann von der Kleidung oder – Gott bewahre – wieder aus den Haaren zu entfernen, ist wahrlich eine Challenge, die enorm viel Geduld und einiges an Fingerfertigkeit

Taschenwissen für die Kaffeepause
Malefizpulver
Eugenol in Parfüm
Herzwein

Klugscheißerwissen Kräuter

verlangt. Die Nelkenwurz meint es zwar sicher nicht böse, aber wer möchte schon nach einem unverbindlichen Date bis ganz nach Hause verfolgt werden?

Die Echte Nelkenwurz ist schon lange bekannt und geschätzt. Als Benediktinerkraut wurde sie in Klöstern gerne angebaut und regelmäßig verwendet, zum Beispiel als Geschmacksgeber für verschiedene Liköre und Weine.

Wegen ihres starken Geruches mischte man die Echte Nelkenwurz in das Malefizpulver, das böse Geister, Dämonen und Hexen vertreiben sollte. Dazu nahm man Nelkenwurz, Teufelsabbiss, Johanniskrautblüten, Tausendgüldenkraut, Eisenkraut, Engelwurz, Heilziest, Erdbeerblätter, Habichtskraut, Beifuß, etwas Salz, mörserte alles zu feinem Pulver und verstreute es an den gewünschten Orten. Trifft man auf böse Menschen, nervige Nachbarn oder den strengen Chef, kann man es auch heute noch verwenden. Eine Handvoll Malefizpulver wird besagter Person ins Gesicht geblasen. Dann muss man nur noch sehr schnell laufen können …

KLUGSCHEISSERWISSEN

Das ätherische Öl in Gewürznelken besteht hauptsächlich aus Eugenol. Dieser Stoff findet sich in Bananen, Kirschen und eben auch in der Echten Nelkenwurz, allerdings in erheblich geringerer Konzentration. Eugenol wirkt nachweislich entzündungshemmend und schmerzstillend. Vor allem im Mund- und Rachenraum kann Eugenol recht hilfreich sein, weshalb es auch unter den Inhaltsstoffen mancher Mundspülungen und Zahncremes aufscheint.
Die Parfümindustrie verwendet den Stoff, um Düften eine würzige Note zu geben.

HERZWEIN

150 g Wurzeln der Echten Nelkenwurz • 1 l guter Weißwein

Schon Hildegard von Bingen wusste um die unterstützende Wirkung der Echten Nelkenwurz. So sollte die Pflanze das Herz schützen und auch aphrodisierend wirken. Für sie war ein Herzwein manchmal das Mittel der Wahl.
Dafür gibt man die Wurzeln für mindestens 10 Tage in ein verschließbares Gefäß mit Weißwein. Anschließend kann man den Wein filtern und sich täglich ein Schnapsglas davon gönnen.

Ich für meinen Teil gehe nun auf dem schnellsten Weg zurück in mein Hexenhaus. Irgendwie fühle ich mich extrem beobachtet und befürchte, dass sich mir schon wieder mindestens eine anhängliche Nelkenwurz an die Fersen geheftet hat.

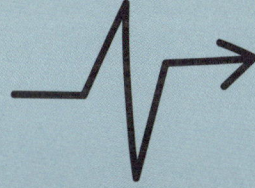

(ZITTER-) PAPPEL
Populus tremula

Das Sensibelchen

Familie: Weidengewächse
Nennenswerte Inhaltsstoffe: Salicin, Gerbstoffe, Flavonoide, ätherische Öle
Anwendung: schmerzstillend, bei Gicht, Rheuma
Verwendete Pflanzenteile: Rinde, Knospen

Wenn ich in der Morgendämmerung in den Wald zum Joggen gehe, bin ich meistens noch nicht richtig wach. Da kommt es auch dann und wann vor, dass mein Gehirn mir – wahrscheinlich wegen des Kaffee-Entzuges – Streiche spielt. So versuchte es mir gerade eben für einen ganz kurzen Moment einzureden, der alte, abgestorbene Baum links vor mir sei eine böse Gestalt, die mir an den Kragen will. Mein sensibles Gemüt war darauf absolut nicht vorbereitet. Mensch, bin ich erschrocken! Mein Herz raste und ich zitterte wie Espenlaub. Aber warum heißt es eigentlich „zittern wie Espenlaub"?

Taschenwissen für die Kaffeepause
schmerzstillend
männliche und weibliche Pflanzen
zittern wie Espenlaub

KLUGSCHEISSERWISSEN

Ein anderer Name für die Zitter-Pappel lautet Espe. So weit, so gut. Um die Espe zum Zittern zu bringen, braucht es nur den geringsten Windhauch, der in das grüne Laub fährt, schon tanzen bzw. flattern die Blätter wild herum. Von Weitem erinnert das tatsächlich etwas an ein unkontrolliertes Zittern. Wer weiß, vielleicht fürchtet sich die sensible Espe tatsächlich vor dem Wind?
Während die Blätter anderer Laubbäume mit einem runden und recht unbeweglichen Stängel ausgestattet sind, haben die Blätter der Espe relativ lange Stängel, die seitlich etwas abgeflacht und gleichzeitig auch noch ein wenig verdreht sind. Das macht das Blatt überaus flexibel und agil, sodass es auf jeden noch so kleinen Windhauch reagiert.

Auch die Pappel ist – wie die Brennnessel – eine zweihäusige Pflanze. Es gibt die Frau Pappel mit den weiblichen Blüten und den Herrn Pappel mit den männlichen Blüten. Da die Pappel eine Cousine der Weide ist, nennt man auch ihre Blüten Kätzchen. Die Unterscheidung der beiden Geschlechter ist meiner Meinung nach ganz leicht. Die männlichen Kätzchen sind graubraun und die weiblichen Kätzchen grünlich mit roten Tragblättern. Ich merke mir deshalb immer: Sind rote Lippen und Fingernägel zu sehen, ist es die weibliche Pappel, die sich für den Wind herausgeputzt hat. Dieser übernimmt hier nämlich die Funktion des Bestäubers.

In der Rinde, den Blättern und den Triebspitzen findet sich Salicylsäure, die schmerzlindernd, fiebersenkend und entzündungshemmend wirkt. Verwendet man die Rinde, so erntet man diese am besten im Frühling von fingerdicken Ästen. Aber Achtung: Bitte übertreibt es bei der Ernte nicht, denn die Rinde dient dem Baum als Barriere zur Außenwelt und als Schutz vor Krankheiten.

Zum Vergleich: Birkenblatt (oben) und Zitter-Pappel-Blatt (unten)

Für Laien ist es manchmal gar nicht so leicht, ein Zitter-Pappel-Blatt von einem Birkenblatt zu unterscheiden. In meinem Kräuterkopf habe ich den Unterschied so abgespeichert: Der Name Birke klingt schon recht „eckig". Betrachtet man die einzelnen Buchstaben des Wortes Birke noch etwas genauer, entdeckt man fast ausnahmslos spitzige und eckige Buchstaben. So verhält es sich auch beim Birkenblatt: Es hat eine dreieckige Form und einen gesägten Blattrand.

Das Wort Pappel hingegen klingt recht weich und rund. Hier sind die meisten Buchstaben kugelig und abgerundet. Das Zitter-Pappel-Blatt hat eher eine runde Form mit gelapptem Rand. Ist doch ganz einfach, oder?

Die Zitter-Pappel ist nicht nur ein schöner und stattlicher Baum, sondern ihre furchige Rinde dient auch als Brutkasten für die Raupen der bunten Schmetterlinge. Besonders an den jungen Pappeln entwickeln sich viele von ihnen. Einige davon gelten sogar als gefährdet, wie zum Beispiel der Große Fuchs und der Große Eisvogel. Die Schmetterlingseier werden in den Furchen der Rinde abgelegt und wachsen zu Raupen heran, die sich dann an den Blättern satt mampfen können.

ZIPPERLEINTEE

40 g Pappelrinde • 20 g Brennnesselblätter • 20 g Birkenblätter • 10 g Kamillenblüten • 10 g Pfefferminzblätter

Bei Zipperlein aller Art, vor allem aber bei Rheuma und Gicht, ist dieser Tee zu empfehlen. Du übergießt die Kräuter mit heißem Wasser und lässt den Aufguss 5–7 Minuten stehen. Kurmäßig kannst du 3 Wochen lang täglich 3–4 Tassen davon trinken.

Ich für meinen Teil werde nun ein paar Mal tief durchatmen und mich schleunigst zu beruhigen versuchen. Auch mein Zittern muss ich zügig unter Kontrolle bekommen, nicht dass mich ein Großer Fuchs mit einer Espe verwechselt und versucht, seine Eier in meinen Furchen und Falten abzulegen.

36

PREISELBEERE
Vaccinium vitis-idaea

Die verlässliche Raumpflegerin

Familie: Heidekrautgewächse
Nennenswerte Inhaltsstoffe: Arbutin, Vitamin C, Flavonoide
Anwendung: harntreibend, desinfizierend, bei Nierenbeschwerden, Blasenbeschwerden
Verwendete Pflanzenteile: Blätter, Früchte

„Das kleine bisschen Haushalt ist doch gar kein Problem", sagt mein Mann ... Zum Glück dürfen, müssen und können heutzutage auch die männlichen Geschöpfe aufräumen, putzen und sauber machen.

Wenn ich mal wieder den ganzen Frühling und Sommer am Sammeln und Fotografieren von Kräutern bin, bleibt da nicht ganz so viel Zeit, die eigenen vier Wände auf Vordermann zu bringen. Ein einzelner Mann würde bei diesem Chaos wohl auch nicht ausreichen. Besser wäre ein ganzer Männer-Putztrupp. Aber wenn ich mich hier so umschaue, muss da wohl eher die Tatortreinigung ran.

Im Pflanzenreich übernimmt die Preiselbeere diesen Job. Sie ist eine wahre Putzfee und eine Desinfektionskönigin. Für ihre Höchstleistungen in diesem Bereich wird sie auch von allen anderen Pflanzen geschätzt und respektiert. Begonnen hat ihre Karriere aber ganz anders.

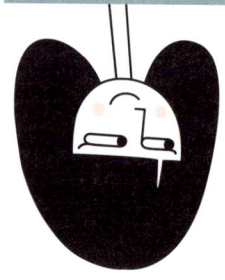

KLUGSCHEISSERWISSEN

Die Heidelbeere soll von Gott erschaffen worden sein, die Preiselbeere jedoch vom Teufel, und noch dazu soll sie giftig gewesen sein. Typisch Teufel! Dann aber griff Gott ein und setzte der reifen, roten Frucht eine Krone auf. Von da an war sie nicht nur genießbar, sondern auch lecker und gesund. So kam sie zu dem Namen Kronbeere.
Schaut man sich die Beere etwas genauer an, so kann man tatsächlich eine kleine Krone erkennen. Es sind nämlich die Reste der Blüte bzw. der Kelchblätter, aus denen die Frucht entstanden ist.

Betrachtet man die Blattunterseite der Preiselbeere, kann man ganz eindeutig kleine schwarze Punkte erkennen. Nein, das ist kein Schmutz. Sie würde sich niemals ungepflegt und dreckig aus dem Haus trauen. Was da nach Staubpartikeln aussieht, sind lediglich kleine Drüsen. Bezeichnen wir die Punkte also lieber als kleine, süße Sommersprossen. Ein weiteres Bestimmungsmerkmal ist der eingerollte Blattrand. Diesen kann man leicht und sicher an der Blattunterseite ertasten. Zum Vergleich: Die Bärentraube, mit der sie manchmal verwechselt wird, weist keines dieser Merkmale auf.

Als Lieblings-Reinigungsmittel verwendet sie Arbutin, ein Glykosid, das desinfizierend wirkt. Dieser Stoff kommt in einigen Rosengewächsen vor, zum Beispiel in Birnen, aber auch im Spitzwegerich. Besonders viel davon ist in der Bärentraube enthalten. Als deren kleine Schwester hat die Preiselbeere zwar nicht ganz so viel auf Lager, trotzdem kann sie gerne bei Blasenleiden eingesetzt werden. Sie wirkt entzündungshemmend und zusätzlich hindert sie Bakterien daran, sich noch stärker auszubreiten. Ganz oft wird eine Blasenentzündung durch die sogenannten Escherichia-Coli-Bakterien ausgelöst. Diese besitzen feine Härchen, mit denen sie sich an der

Blasenwand festhalten und dadurch eine Entzündung auslösen können. Darüber hinaus enthält die Preiselbeere auch noch einige Gerbstoffe, die zusammenziehend bzw. straffend auf die Schleimhäute wirken und es den fiesen kleinen Bakterien erschweren, sich dort anzusiedeln. So reinigt die Preiselbeere die Blase ganz gründlich und spült alles raus, was da nicht hingehört. Damit lässt sich auch erklären, warum ein regelmäßiger Genuss von Preiselbeersaft eine vorbeugende Wirkung entfaltet.

Und wer mir jetzt mit Cranberrys kommt, dem sage ich nur: Wenn die einheimische Variante quasi vor der Tür wächst, warum sollten wir dann die meist teurere amerikanische verwenden?

PREISELBEERSAFT

Preiselbeeren • Wasser • Zucker

Hierfür brauchst du reife Preiselbeeren, die du in Wasser im Verhältnis 2 : 1 weich kochst. Danach filterst du dieses Beerenmus durch ein kleines Sieb oder Tuch. Die ganz Fleißigen unter euch können das Mus auch über Nacht abtropfen lassen. Der gewonnene Saft wird dann noch mit etwas Zucker (etwa ¼ der Preiselbeermenge) aufgekocht, bis sich dieser aufgelöst hat. Der Preiselbeersaft wird noch heiß in die Flaschen abgefüllt. Zur Vorbeugung von Blasenentzündungen empfehle ich eine tägliche Dosis von mindestens 50 ml. Dazu empfiehlt es sich, täglich 2–3 Tassen Preiselbeerblättertee zu trinken. Denn auch in den Blättern findet man viele hilfreiche Wirkstoffe. Den Geschmack dieses Tees kann man mit etwas Minze oder Melisse aufpeppen.

Ich für meinen Teil werde nun wohl oder übel doch meine Bude aufräumen müssen. Sonst macht es ja keiner. Nicht dass die neugierigen Nachbarn doch noch die Tatortreinigung anfordern.

Taschenwissen für die Kaffeepause
natürliches Desinfektionsmittel
gepunktete Blattunterseite
Kronbeere

QUENDEL
Thymus serpyllum

Das bequeme Gästekissen

Familie: Lippenblütler
Nennenswerte Inhaltsstoffe: ätherische Öle, Lamiaceengerbstoffe, Bitterstoffe
Anwendung: bei Husten, auswurffördernd, bei Menstruationsbeschwerden
Verwendete Pflanzenteile: Kraut

Als kräuterverrücktes Blumenmädchen verbringt man außerordentlich viel Zeit in der Natur. Dabei scheint immer jemand an der Uhr zu drehen, denn kaum habe ich mich mit ein, zwei Blumen, Pflanzen oder Insekten beschäftigt, ist es auch schon fast wieder dunkel. Jetzt noch den ganzen weiten Weg nach Hause anzutreten, kommt manchmal einer richtigen Tortur gleich. In genau solchen Situationen würde ich mich am liebsten auf der Stelle hinlegen und einschlafen. Doch so ganz ohne weiches, kuscheliges Bett geht das leider doch nicht. Zum Glück hat die geniale Mutter Natur auch dafür eine elegante und wohlriechende Lösung gefunden: den Quendel. Er macht zwar kein ganzes Bett, jedoch für ein Gästepolster reicht es allemal. Und bei meiner Körpergröße könnte man das fast schon als Bett durchgehen lassen.

Der Wirkstoffgehalt von Pflanzen ist – wie soll es auch anders sein? – abhängig von der Tageszeit. Während der Gehalt an ätherischen Ölen um die Mittagszeit am höchsten ist, sollte man zum Beispiel die Wurzeln einer Pflanze eher morgens

Taschenwissen für die Kaffeepause
wilder Thymian
vierkantiger Stängel
mittags sammeln

ernten. Über Nacht ziehen sich nämlich die Wirkstoffe wieder in die Wurzel zurück. Doch je höher die Sonne steigt, desto mehr Kraft wird dann wieder in die oberirdischen Teile der Pflanze geleitet. Die höchste Konzentration an ätherischen Ölen enthält somit auch der Quendel um die Mittagszeit.

Thymol ist ein Bestandteil eines ätherischen Öls, der desinfizierend, antibakteriell und pilzhemmend wirkt. Man findet ihn unter anderem im Gartenthymian und in geringerem Maße auch im Rosmarin. Thymol und Carvacrol wurden einst bei der Mumifizierung von Leichen eingesetzt. Auch da setzte man auf die stark keimtötende Wirkung.
Zwar gilt der Quendel als der etwas schwächere kleine Bruder des Thymians, aber dennoch tut er bei Grippe, Husten oder Erkältungen durchaus seinen Dienst. Als volksheilkundliches Hausmittel dient hier ein Ölauszug, da sich Thymol relativ schlecht in Wasser lösen lässt. Dieser wird auf die Brust oder unter die Nase gerieben; unterstützend wird zur inneren Anwendung ein Tee aus Thymol empfohlen.

Der Quendel wird auch als ein Frauenkraut bezeichnet. Ein Quendelölauszug erwärmt und entkrampft und kann so, auf den Bauch aufgetragen, tatsächlich fiese Periodenkrämpfe lindern.

QUENDELBLÜTENESSIG

2 Handvoll Quendelblüten • hochwertiger Essig

Für den Blütenessig sammelst du die Quendelblüten um die Mittagszeit und gibst sie in ein verschließbares Gefäß. Dann gießt du mit hochwertigem Essig auf und lässt das Gemisch mindestens 2 Wochen (besser noch länger) reifen. Wer möchte, kann noch andere Blüten und Kräuter wie Veilchen, Melisse und Rosmarin dazugeben. Nach dem Abfiltern ist der Essigauszug für den Salat bereit.

Ich für meinen Teil muss mich nun wirklich zum Aufstehen zwingen und mich von diesem wunderbaren Kräuterpolster losreißen. Nicht dass noch jemand vorbeikommt und mich versehentlich mumifiziert.

KLUGSCHEISSERWISSEN

Ein recht eindeutiges Merkmal der Lippenblütler ist ihr vierkantiger Stängel. Man kann diese Besonderheit ganz einfach und bequem mit den Fingern ertasten. Schneidet man den Stängel quer durch, kann man ein eindeutiges Quadrat erkennen. Mit diesem vierkantigen Stängel hängt auch die Blattstellung der Lippenblütler zusammen: Es sind immer zwei Blätter, die sich gegenüberstehen, abwechselnd horizontal und vertikal. Schaut man von oben auf die Pflanze, bilden die Blätter also ein Kreuz. Diese Blattstellung nennt man daher auch kreuzgegenständig.

ROTKLEE
Trifolium pratense

Der egomanische Krisenmanager

BLA BLA BLA

Familie: Hülsenfrüchtler
Nennenswerte Inhaltsstoffe: Phytoöstrogene, Flavonoide
Anwendung: bei Wechseljahrsbeschwerden, krampflösend
Verwendete Pflanzenteile: Blütenköpfe

„Jedem Tierchen sein Pläsierchen."
Diese bekannte Redewendung bedeutet, dass wir alle ein Recht auf unsere eigenen Besonderheiten und Verrücktheiten haben. Als verrücktes Blumenmädchen stimme ich dem natürlich lautstark zu. Nur bei einer Art von Tierchen habe ich null Verständnis für Pläsierchen: Es sind die kleinen, fiesen Biester mit riesigem Ego, die sich so ganz ohne jede Rücksichtnahme das nehmen, was sie gerade wollen. Die meisten von uns kennen diese abscheulichen kleinen Plagegeister unter dem Namen Stechmücken. Ganz hinterhältig, egoistisch und geräuschlos schleichen sie sich an, stehlen unseren wertvollen Lebenssaft und hinterlassen nichts als unliebsame Schwellungen und tagelangen Juckreiz. Da könnte ich glatt ausrasten. Eines muss ich den kleinen Vampiren allerdings lassen: Zu dem überdimensionierten Ego kommt noch sehr viel Mut.

Ein weit weniger großes, aber dennoch beachtliches Ego finden wir auch in der Kräuterwelt. Hier ist die Rede vom bekannten Rotklee. Ständig möchte er beachtet werden und zeigen, was er so draufhat. Um möglichst viel Aufmerksamkeit auf sich zu lenken, hat er sich auf jedes seiner drei dunkelgrünen Blätter einen kleinen, weißlichen Pfeil gemalt. Die Kelten sahen im dreiblättrigen Kleeblatt ein Symbol für Schutz. Es vereint das Geistige, das Physische und die Anderswelt.

Wer den Rotklee jedoch schon mal kennengelernt hat, stimmt sicher darin zu, dass er wirklich was auf dem Kräuterkasten hat. Selbst in den heikelsten Situationen beweist er Nerven aus Stahl und behält somit eindeutig den Überblick. Dabei helfen ihm seine Phytoöstrogene.

KLUGSCHEISSERWISSEN

Phytoöstrogene oder Isoflavone gehören zur Gruppe der Flavonoide. Bei Wechseljahrsbeschwerden wirken sie ausgleichend auf den Hormonhaushalt. In den Wechseljahren fällt die Östrogenproduktion rasant ab, und das führt zu den unangenehmen Symptomen wie Schweißausbrüchen und Hitzewallungen. Der Körper ist sozusagen auf Entzug. Mithilfe seiner hormonähnlichen Stoffe kann der Rotklee den Körper somit ohne Nebenwirkungen dabei unterstützen, sich an die neue Situation zu gewöhnen. Er hält sozusagen die Stellung, bis die Krise vorbei ist.

Doch ganz allein schafft es der Rotklee trotzdem nicht. Hinter ihm steht ein riesiges Team, das im Verborgenen arbeitet. Genauer gesagt im Untergrund an seinen Wurzeln. Hier leben Bakterien, die Knöllchenbakterien, die Stickstoff aus der Luft filtern, den Boden damit anreichern und diesen wertvollen

Stoff dem Rotklee selbst, aber auch anderen Pflanzen zur Verfügung stellen. So kann man an manchen Orten gegen Ende des Sommers viele Felder mit Rotklee oder Luzerne sichten. Alle tragen zur Stickstofferhöhung im Boden bei. Man nennt das auch Gründüngung.

Wer schon mal ein Rotkleeköpfchen gesnackt hat, kann bezeugen, dass es relativ süß schmeckt. Wahrscheinlich ist es deshalb so beliebt bei Bienen, Hummeln und Schmetterlingen. Seinen Namen hat der Klee dem klebrigen Saft zu verdanken, denn die Wortwurzel ist das indogermanische *glei,* was so viel wie klebend bedeutet.

ROTKLEESAFT

250 g Rotkleeblüten • 1 Bio-Zitrone • 1 l Wasser • 400 g Zucker

Die Rotkleeblüten lässt du am besten nach dem Sammeln 1–2 Stunden locker ausgebreitet liegen, damit etwaige Einwohner das Weite suchen können. Dann kochst du die Blüten mit dem Saft sowie dem Abrieb der Zitrone und dem Wasser kurz auf. Das Gemisch wird nun vom Herd genommen und am besten über Nacht zugedeckt ziehen gelassen. Als letzter Schritt wird der fast fertige Saft gefiltert, nochmals mit dem Zucker für 10 Minuten aufgekocht und noch heiß in Flaschen abgefüllt. Dieser Krisensaft hilft bei schlechter Laune und vor allem wenn die bessere Hälfte mal wieder nervt. Bei letzterem Anlass kann der Saft auch gerne mit Prosecco auf Eis genossen werden.

Ich für meinen Teil werde nun einen sicheren Ort aufsuchen. Es kommt mir so vor, als ob sich die kleinen, egoistischen Stecher gegen mich verschworen hätten und nur auf den richtigen Moment für eine hinterhältige Attacke warten würden. Doch kampflos werde ich mich ihnen bestimmt nicht ergeben.

Taschenwissen für die Kaffeepause
pflanzliche Hormone
Gründüngung
Bienenweide

(ACKER-) SCHACHTELHALM

Equisetum arvense

Der Kosmetik- und Ästhetikexperte

Familie: Schachtelhalmgewächse
Nennenswerte Inhaltsstoffe: Kieselsäure, Gerbstoffe
Anwendung: entgiftend, entwässernd, entsäuernd, reinigend
Verwendete Pflanzenteile: Kraut

Als modernes Blumenmädchen möchte man natürlich stets recht adrett und auch sauber aussehen. Sogar die einstige Kräuterhexe gibt sich nicht mehr mit schmutzigen Händen voller Erde, ähm, „Gartenglitzer" zufrieden. Vor allem ein eingerissener Fingernagel ist nicht nur optisch keinen Pfifferling wert, sondern auch außerordentlich nervig und unhandlich. Aber was tun, wenn mitten im Wald der Nagel des Mittelfingers einreißt? Nicht etwa, weil man besagten Finger aufgrund nachvollziehbarer Ereignisse letztens so oft zeigen musste, sondern weil man zum wiederholten Male kopflos aus dem Haus gegangen ist und alle hilfreichen Grabwerkzeuge daheim vergessen hat. Kurz gesagt: Nicht jeder Fingernagel hält minutenlanges Wühlen und Graben aus.

Zum Glück ist Mutter Natur dieses Problem längst bekannt. So hat sie schon vor einer Weile dafür gesorgt, dass Ästhetik

Taschenwissen für die Kaffeepause
Nagelfeile
Legopflanze
Läuseschreck

und Styling auch in der Wildnis nicht zu kurz kommen. Der Acker-Schachtelhalm als Meisterkosmetiker der Pflanzenwelt gilt hier als Ansprechpartner Nummer eins. Er dient mit seinem groben Gerippe nicht nur als Nagelfeile, sondern hat auch noch Tipps für starkes Bindegewebe, glänzende Haare und einen sauberen Körper.

Mit dem Zinnkraut, wie die Schachtelhalme auch gerne genannt werden, putzte und polierte man früher Zinnkrüge. Auch der menschliche Körper ist imstande, diesen reinigenden Effekt zu nutzen. Bei Frühjahrskuren, Nierenleiden und Rheuma ist ein Schachtelhalmtee immer einen Versuch wert. Sammelt man den Acker-Schachtelhalm selber, sollte man sich ganz sicher sein, dass er es auch wirklich ist. Es ist nämlich der einzige Schachtelhalm, der als nicht giftig gilt.

Wenn man sich die Pflanze aus der Nähe ansieht, entdeckt man, dass die einzelnen Teile ein wenig wie zusammengesteckt wirken. Als ob hier jemand beim Legospielen aus Versehen einen Schachtelhalm gebaut hätte. Aufgrund der Verschachtelung der einzelnen Halme entstand der Name Schachtelhalm. Mir würde ja Legopflanze viel besser gefallen.

Obwohl die Seitenäste recht dünn scheinen, sind sie ziemlich stabil. Das haben sie unter anderem der enthaltenen Kieselsäure zu verdanken. Diese gibt der Pflanze Halt und Stabilität. Auch für uns Menschen ist die Kieselsäure wichtig, denn sie trägt zur Festigkeit der Nägel, der Haare und des Bindegewebes bei.

Um die Kieselsäure aus dem Acker-Schachtelhalm herauszulocken, sollte man die zerkleinerten Halme am besten über Nacht in Wasser legen. Am nächsten Tag wird die Mischung samt Halmen dann aufgekocht, gefiltert und schluckweise getrunken. Als Jauche für den Garten reicht ein Kaltwasserauszug. Dieses Gemisch dient nicht nur der Bodendüngung, sondern kann auch als Schutz vor lästigen Läusen verwendet werden.

KLUGSCHEISSERWISSEN

Betrachtet man den Acker-Schachtelhalm etwas genauer, kann man verschiedene Unterteilungen der Haupt- und Seitenäste erkennen. Ist der erste Teil des Seitenastes länger als der erste Teil des Hauptastes, hat man den Acker-Schachtelhalm vor sich. Ich merke mir immer die Gemeinsamkeit zwischen ihm und mir: Wir haben beide lange Arme, die über unseren Kopf hinausragen.

ENTSCHLACKUNGSTEE

Zweimal im Jahr, am besten im Frühjahr oder im Herbst, kannst du 2 oder 3 Wochen lang eine Entschlackungskur machen. Zum Ausleiten hat sich bei mir folgendes Teerezept bewährt:

40 g Brennnesselblätter • 40 g Birkenblätter • 30 g Acker-Schachtelhalm-Kraut • 20 g Löwenzahnwurzel • 20 g Wermutkraut

Alle Kräuter werden gut gemischt und in einen kleinen Papiersack gegeben. Bei Bedarf kannst du dir nun den Entschlackungstee zubereiten. Hiervon trinkst du täglich 2–3 Tassen und dann noch mindestens die gleiche Menge Wasser.

Ich für meinen Teil gönne meinen Händen nun eine Schachtelhalm-Maniküre. Früher oder später wird zweifellos auch mein Mittelfinger wieder zum Einsatz kommen. Vielleicht zum Graben oder aber auch zum Herzeigen. Wer weiß.

40

SCHAFGARBE
Achillea millefolium

Die Alleskönnerin

Familie: Korbblütler
Nennenswerte Inhaltsstoffe: Bitterstoffe, Flavonoide, Cumarine
Anwendung: magenstärkend, menstruationsfördernd, krampflösend, wundheilend
Verwendete Pflanzenteile: Blätter und Blüten

Taschenwissen für die Kaffeepause
Heilmittel von Achilles
Augenbraue der Venus
bereitgestelltes Heilmittel

„Eine Herde weißer Schafe ist mein Königreich ..." So der Anfang eines recht bekannten volkstümlichen Musikstücks. Nun ja, das ist nicht unbedingt mein Genre, doch mit genug anregender Kräuterlimonade intus gröle manchmal sogar ich die eine oder andere Zeile dieses Songs mit. Am nächsten Tag zeigt sich dann aber die hässliche Fratze der Schafe, ähm, des Kräuterkaters. Da fühlt es sich fast so an, als ob diese Herde weißer Schafe noch durch meinen Kopf springen, hüpfen und trampeln würde. Zum Glück ist mir eine begabte Alleskönnerin bekannt, die sich mit Schafen sehr gut versteht und mit ihnen umzugehen weiß. Wir alle kennen diese Superheldin unter dem Namen Schafgarbe.

Der Name lässt sich vielleicht daraus erklären, dass laut den Beobachtungen cleverer Hirten die Schafe diese Pflanze besonders dann sehr zu schätzen wissen, wenn sie krank sind. Garbe geht in diesem Fall auf das mittelhochdeutsche *garwe* zurück. Das Wort könnte bedeuten, dass es sich um etwas (als Heilmittel) Bereitgestelltes handelt. Da soll mir noch einer was von „doofen Schafen" erzählen.

165

Der botanische Name *Achillea* geht auf die griechische Mythologie zurück, genauer gesagt auf Achilles. Ja, das war der Typ mit der recht verletzungsanfälligen Ferse. Er soll seine versehrten Krieger und auch seine einzige Schwachstelle regelmäßig mit dieser Pflanze geheilt haben.

In der heutigen Zeit gilt die Schafgarbe als ein Allheilmittel. Manchmal wird sie sogar als Ersatz für die beliebte Kamille verwendet. Man geht davon aus, dass in ihr alle Schüßlersalze vorkommen. Zwar nur in geringer Menge, aber genau das macht sie auch so beliebt. Mein Tipp bei Wanderungen: Einfach ein paar Schafgarben-Blüten in das Trinkwasser geben, um den Körper ein wenig zu stärken.

In ihrem Eifer, alles heilen zu wollen, kennt die Schafgarbe keine Grenzen. Sie heilt sogar den Boden, auf dem sie wächst, und beschützt so auch die Nachbarpflanzen vor Krankheiten. Auch bei Frauenleiden ist sie eine hervorragende Unterstützung. Durch seinen krampflösenden und ausgleichenden Effekt kann ein Schafgarbentee eine mildernde Wirkung zeigen. Am besten in Kombination mit Frauenmantel, Mädesüß und ein wenig Melisse. Es gibt nicht umsonst den alten Spruch: „Schafgarb im Leib tut gut jedem Weib."

Aber die Schafgarbe trägt nicht nur das Weibliche in sich, sondern auch das Männliche. Während die Pflanzen mit der weißen Blüte der Venus zugeordnet werden und als kühlend und schleimhautschützend gelten, gehören die Schafgarben mit den rosa Blüten zum Mars. Ihnen schreibt man eine wärmende und tonisierende Wirkung zu.

Weil wir gerade schon bei der Venus waren: Die Schafgarbe ist auch als Augenbraue der Venus bekannt. Diesen Namen verdankt sie ihren fein geschlitzten, gefiederten grünen Blättern. Sie sind tatsächlich wie kleine, dichte Augenbrauen geformt. Und wem sollen diese wunderschönen Augenbrauen gehören, wenn nicht der Liebesgöttin?

KLUGSCHEISSERWISSEN

Die Schafgarbe wird fälschlicherweise manchmal den Doldenblütlern zugeordnet, gehört aber zur Familie der Korbblütler. Schaut man im Vorbeigehen bloß mit einem halben Auge hin, ist dieser Fauxpas schnell passiert. Doch Kräuterfans betrachten alle Pflanzen mit Argusaugen und achten auf jedes Detail. Wenn jeder einzelne Strahl, der eine kleine Dolde trägt, von ein und demselben Punkt ausgeht, haben wir einen Doldenblütler vor uns. Bei den Korbblütlern hingegen sind die von den Blüten in die Höhe gereckten Teile mehrfach verzweigt und entspringen aus unterschiedlichen Punkten.

VENUSLIMONADE

1 l Wasser • 500 g Zucker • etwas geriebene Orangenschale • 30 g Zitronensäure • 2 Handvoll Schafgarbenblüten • 1 Handvoll Melisse- und Minzblätter • Mineralwasser oder Prosecco

Ja, die Schafgarbe kann auch Limonade. Du kochst das Wasser mit dem Zucker, der Orangenschale und der Zitronensäure auf, bis sich alles aufgelöst hat. Dann gießt du die Flüssigkeit über die Schafgarbenblüten und lässt alles über Nacht ziehen. Am nächsten Tag kochst du die Mischung nochmals mit den Melisse- und Minzblättern auf. Die Limonade wird noch heiß in Flaschen abgefüllt. Ist sie abgekühlt, spritzt man sie mit Mineralwasser oder Prosecco auf. Am liebsten genieße ich die Venuslimonade mit Prosecco auf Eis.

Ich für meinen Teil werde mich heute den ganzen Tag der Schafgarbe widmen. Was den Schafen gut bekommt, kann für ein verkatertes Kräutermädchen auch nicht ganz verkehrt sein. Und hoffentlich lässt sich so auch diese vermaledeite Wollherde aus meinem Kopf vertreiben.

41

SCHLÜSSEL-BLUME
Primula veris

Der schlabbrige Schlüsseldienst

Familie: Primelgewächse
Nennenswerte Inhaltsstoffe: Saponine, Schleimstoffe, Gerbstoffe, Flavonoide
Anwendung: schleimlösend, schweißtreibend, harntreibend, schlaffördernd, herzstärkend
Verwendete Pflanzenteile: Blätter, Blüten, Wurzel

Ein Paar neue Hosen zu kaufen, ist für uns Frauen manchmal ein schwieriges Unterfangen. Die neue Lieblingsjeans soll gut sitzen, nicht zu eng und auch nicht zu locker sein. Zudem soll sie die jeweiligen Vorzüge der Trägerin unterstreichen. Je nach Trend ist die Hose dann eng, weit, mit hohem Bund oder gewagtem Muster. Da ich allerdings eine leidenschaftliche Blumenrockträgerin bin, kann ich mir die mühsame Jagd nach dieser einen perfekten Hose sparen. Noch besser haben es da die Schlüsselblumen. Sie werden schon mit einwandfreien und außerordentlich bequemen Hosen geboren.

Doch nicht alle Schlüsselblumen haben denselben Style und schon gar nicht denselben Hosengeschmack. An ihren Style-Vorlieben kann man die beiden Arten auch recht gut unterscheiden. Bei der Echten Schlüsselblume ist der Blütenkelch recht bauchig und liegt nicht direkt an der Blüte an. Mich erinnert das tatsächlich an extra coole Hip-Hopper mit ihren weiten, schlabbrigen Hosen. Die Hohe Schlüsselblume trägt

Taschenwissen für die Kaffeepause
Saponine
orange Saftmale
weiter Blütenkelch

viel lieber ihre Skinny Jeans: Ihr Blütenkelch liegt eng an. Trotzdem werden die Echte und die Hohe Schlüsselblume manchmal verwechselt. Die Hohe Schlüsselblume enthält zwar etwas weniger Wirkstoffe, kann aber dennoch gut zu Heilzwecken verwendet werden. Eine Orientierungshilfe bietet der Geruch der Blüten. Während die Echte Schlüsselblume recht intensiv duftet, hält sich die Hohe Schlüsselblume sehr zurück. Zudem kann man bei der Blüte der Echten Schlüsselblume orange Flecken, die Saftmale, entdecken. Die Hohe Schlüsselblume trägt dagegen durchgehend goldgelbe Blüten.

Hätte nun Petrus statt seiner extra weiten Kutte auch Skinny Jeans getragen, wäre ihm wahrscheinlich schneller aufgefallen, dass er seinen Schlüsselbund für das Himmelstor verloren hatte. Andererseits würden uns dann die wunderschönen und heilkräftigen Schlüsselblumen verborgen bleiben. Die Legende besagt nämlich, dass diesem etwas verpeilten Heiligen der Schlüsselbund aus der Tasche und auf die Erde fiel, wo augenblicklich gelbe Blumen aus dem Boden zu sprießen begannen. Tatsächlich kann man in diesen Pflanzen bei genauerer Betrachtung einen Schlüsselbund erkennen. Während die Blüten den Schlüsselbart darstellen, sieht man in den Stängeln das Schlüsselrohr.

Die Schlüsselblumen öffnen nicht nur die Himmelspforte, sondern schließen auch das Tor zum Frühling auf. Das beweist auch der botanische Name – *Primula veris* –, was so viel bedeutet wie „die Erste des Frühlings". Fast noch effizienter beim Aufsperren sind die Inhaltsstoffe der Schlüsselblumenwurzel, die Saponine, mit denen man hartnäckigem und festsitzendem Schleim recht wirksam zu Leibe rücken kann.

In ihrem Schlüsseldienstamt hat die Schlüsselblume allerdings noch weitere wichtige Aufgaben. Sie wacht über den Garten und sperrt ungebetene Gäste, böse Menschen oder nervige Nachbarn aus. Wer also seine Ruhe im Garten haben will, sollte auf die Schlüsselblume nicht verzichten. Zudem soll sie dabei helfen, die Türen verborgener Schatzkammern zu öffnen.

KLUGSCHEISSERWISSEN

Auf Infekte reagieren Bronchien und Lunge mit einer erhöhten Produktion von Schleim, der die gereizten Stellen beruhigen und zugleich die ungebetenen Keime einkesseln und wieder aus dem Körper befördern soll. Im Eifer des Gefechts kann es vorkommen, dass dieser Schleim ziemlich dickflüssig wird und sich recht zäh an seinem Einsatzort festklammert. Gelangt nun ein Tee mit Saponinen in den Magen, wird reflektorisch der Nervus Vagus aktiviert. Dieser regt im gesamten Körper die Wasserproduktion an, um die Saponine schnell wieder auszuscheiden. Mithilfe dieser Wasserproduktion wird auch „guter" physiologischer Schleim produziert, der dann dem zähen Sekret den Weg nach außen weist.

TEE ZUM ABHUSTEN

Schlüsselblumenwurzel • Thymian • Pfefferminzblätter

Für diesen Tee mischst du Schlüsselblumenwurzel, Thymian und Pfefferminze zu gleichen Teilen. Die Kräutermischung wird mit kochendem Wasser übergossen. Die Wurzeln der Schlüsselblume wirken schleimlösend, Thymian erleichtert das Abhusten, und auch die Pfefferminze löst festsitzenden Schleim und schmeckt angenehm frisch. Bei starker Verschleimung mit hartnäckigem Husten kannst du täglich etwa 4 Tassen von diesem Tee trinken.

Ich für meinen Teil werde mich nun doch noch auf die Suche nach bequemen Skinny Jeans machen. So merke ich hoffentlich ganz schnell, wenn mir die Schlüssel für mein Hexenhaus aus der Hosentasche fallen. Ich bin mir nämlich nicht ganz sicher, ob ich meine Haustür auch mit den Schlüsselblumen aufsperren kann.

42

SPITZWEGERICH
Plantago lanceolata

Der flunkernde Wanderführer

Familie: Wegerichgewächse
Nennenswerte Inhaltsstoffe: Aucubin, Schleimstoffe, Gerbstoffe
Anwendung: hustenstillend, natürliches Antibiotikum, blutreinigend
Verwendete Pflanzenteile: junge Blätter

Als recht verpeilte Chaos-Kräuterqueen komme ich gelegentlich vor lauter Bewunderung der verschiedenen Kräuter von meinem Wanderweg ab. Dann bin ich irgendwo im Nirgendwo und habe mal wieder absolut keine Ahnung, wie ich da schon wieder gelandet bin. Plötzlich stehe ich mit meinem halbvollen Kräuterkörbchen ganz allein in der Wildnis. Was nun? Den gerade herumschleichenden Bären möchte ich wirklich nur sehr ungern nach dem Weg fragen. Doch zum Glück gibt es ein pflanzliches Navi, das wirklich alle Wege dieser Welt kennt. Es ist der knackige Wanderführer namens Spitzwegerich.

Sein Name wurde aufgrund seiner fanatischen Wanderleidenschaft gewählt. Die Endung -rich kann auf das Althochdeutsche zurückgeführt werden und bedeutet so viel wie Herrschaft. Man kann ihn also als den Herrscher oder eben auch als König der Wege bezeichnen.
Amerikanische Ureinwohner nennen ihn „Fußstapfen des weißen Mannes". Die feuchten Samen des Spitzwegerichs haften

Taschenwissen für die Kaffeepause
natürliches Antibiotikum
Schichtsirup
Lügenblatt

gerne an Schuhen an, lassen sich über weite Strecken mitnehmen, und wenn sie einen geeigneten Ort gefunden haben, springen sie einfach am Wegesrand ab. Das ermöglicht dem Spitzwegerich, die Welt zu erkunden.

Er kennt sogar den Weg in die Unterwelt, wie die alten Kelten behaupteten. Doch alles sollte man ihm nicht glauben. Er wird nämlich auch als Lügenblatt bzw. pflanzlicher Lügendetektor bezeichnet. Wenn zwei Kräuterneugierige in entgegengesetzter Richtung an einem Blatt ziehen und es zerreißen, dann gilt derjenige als größerer Lügner, bei dem die längeren fransigen Blattadern zu sehen sind. Da diese Blattadern immer in meiner Hälfte zu sehen sind, mir aber nie eine Lüge über die Lippen kommt, bin ich zum Entschluss gekommen, dass der Spitzwegerich einfach nur flunkert.

KLUGSCHEISSERWISSEN

In einer Pflanze finden wir neben den primären Pflanzenstoffen, wie Kohlenhydraten, Fetten und Eiweißen auch sogenannte sekundäre Pflanzenstoffe. Dazu gehören unter anderem verschiedene Farb-, Duft- und Aromastoffe, darunter auch das Aucubin mit seinen entzündungshemmenden und reizmildernden Eigenschaften. Manchmal wird es sogar als pflanzliches Antibiotikum bezeichnet. Die Pflanze produziert diesen Stoff, um sich vor Fressfeinden und Krankheitserregern zu schützen. Interessant an diesem Soff ist, dass er beim frischen Spitzwegerichsaft die Schimmelbildung verhindert. Andere Pflanzensäfte können da nicht mithalten. Die pilzhemmende Wirkung des Aucubins kommt auch dem menschlichen Organismus zugute.
Allerdings ist Aucubin nur teilweise wasserlöslich und sollte daher als Sirup eingenommen werden. Bei einem Teeaufguss hängt die Wirkung zudem davon ab, wie der Spitzwegerich vorher getrocknet und gelagert wurde.

Bei Insektenstichen ist der Spitzwegerich DAS natürliche Notfallmittel. Zerreibt man nämlich nach dem Stich eines seiner Blätter, bis der Pflanzensaft austritt, und tupft diesen dann auf die betroffene Stelle, lindert das den Schmerz und wirkt durch das enthaltene Aucubin auch noch etwas antibiotisch. Zur optimalen Behandlung kann dieser Vorgang öfter wiederholt werden.

KÖNIGLICHER SCHICHTSIRUP

Spitzwegerichblätter • Zucker

Vor der Verwendung bearbeitest du die Blätter des Spitzwegerichs mit einem Teigroller, um die Zellstruktur aufzubrechen und den wertvollen Pflanzensaft austreten zu lassen. Dann schneidest du die Blätter in kleine Stücke, am besten mit einem Keramikmesser. Jetzt geht es ans Schichten: Du nimmst ein verschließbares Gefäß mit einer weiten Öffnung und füllst etwa 1 cm hoch Zucker (gerne auch Rohrzucker) ein. Dann legst du eine Schicht Spitzwegerichblätter darauf und drückst diese etwas fest. Je nachdem wie viel Spitzwegerich du hast, schichtest du weiterhin abwechselnd Zucker und Blätter in das Gefäß. Die letzte Schicht muss unbedingt Zucker sein. Variante: Du kannst auch gerne andere Pflanzen dazumischen. Sehr gut eignen sich hier Fichtenspitzen, Meerrettich oder auch die beliebte Zwiebel. Der Schichtplan lautet dann wie folgt: Zucker, Spitzwegerich, Zucker, anderes Pflanzenmaterial, Zucker, Spitzwegerich usw.
Den königlichen Schichtsirup stellst du für etwa 3 Wochen in den Kühlschrank, damit er reifen kann. Der Zucker löst die wertvollen Inhaltsstoffe supersanft und ganz schonend. Bei Bedarf wird der Sirup dann löffelweise eingenommen.

Ich für meinen Teil werde nun doch versuchen, irgendwie das Navi auf dem Smartphone in Gang zu bringen. Mir drängt sich ein wenig das Gefühl auf, dass mich der Spitzwegerich in einen fiesen Hinterhalt locken will. Nicht mit mir.

43

(ECHTER) STEINKLEE

Melilotus officinalis

Der parfümierte Venendoktor

Familie: Hülsenfrüchtler
Nennenswerte Inhaltsstoffe: Cumarine, Flavonoide, Gerbstoffe
Anwendung: lymphanregend, bei Venenproblemen, harntreibend
Verwendete Pflanzenteile: blühendes Kraut

Als „blauäugiges" Blumenmädchen bin ich öfter, als es gut für mich ist, ein leichtes Opfer der Späßchen von schadenfrohen Freunden und hinterlistigen Arbeitskollegen. So kann es schnell passieren, dass ich mich tatsächlich an meinem feinen Kräuternäschen herumführen lasse und das erst viel zu spät bemerke, was zur Belustigung aller führt, einschließlich meiner selbst. Glücklicherweise umgeben mich fast ausnahmslos Menschen, die es nicht ganz so schlecht mit mir meinen und den Spaß dann auch recht schnell aufklären.

Einer, von dem ich mich sehr gerne an meinem Riechorgan herumführen lasse, ist und bleibt der Echte Steinklee. Er macht es nämlich ohne Hintergedanken und ganz galant. Mit seinem betörenden Duft erinnert er an frisches Heu. Einfach fantastisch. Dieser wohltuende und süßliche Geruch hat ihm wohl auch zu seinem Zweitnamen Honigklee verholfen. Übersetzt man den botanischen Namen, kommt man auf dasselbe Ergebnis: *mel* bedeutet Honig und *lotus* Klee.

Zum Glück gibt es auch Lebewesen, die den Duft des Steinklees so gar nicht leiden können. Es sind die Blumenkleider fressenden Motten, die in seiner Anwesenheit schnell das Weite suchen. Ein Kräutersäckchen im Kleiderschrank ist imstande, diese kleinen, hungrigen Biester schnell in die Schranken zu weisen. Doch was ist es, das den Steinklee so enorm gut duften lässt? Nun ja, neben einigen ätherischen Ölen sind es vor allem auch Inhaltsstoffe wie Cumarine, die diesen wohltuenden Heuduft verströmen.

KLUGSCHEISSERWISSEN

Cumarine sind pflanzliche Stoffe, die in verschiedenen Blumen und Kräutern vorkommen. Die bekanntesten Vertreter sind hier die Tonkabohne, der Waldmeister und auch der Gelbe Steinklee. Erst beim Welken oder wenn die Pflanze verletzt wird, werden diese Stoffe frei.
Cumarine wirken auf das Lymphsystem und regen die Entwässerung an, können das Blut verdünnen und werden auch bei Herzschwäche eingesetzt. Sie helfen bei Wadenkrämpfen, schweren Beinen, aber auch bei blauen Flecken und Prellungen. Sogar bei Besenreisern ist es möglich, eine Verbesserung zu erzielen. Das Coole am Steinklee ist, dass seine Cumarine bzw. seine Heilkraft auch über die Haut aufgenommen werden. Mit der Kombination einer innerlichen und einer äußerlichen Anwendung kann man also seine Wirkung steigern. Bei innerer Anwendung ist Vorsicht geboten, denn eine Überdosierung kann von Kopfschmerzen bis im Extremfall zu inneren Blutungen führen.

Auf die Psyche soll der Steinklee angstlösend und stimmungsaufhellend wirken. Das machten sich auch schon die kundigen alten Kelten zunutze. Bei ihnen war die Pflanze eine hoch angesehene Zauberpflanze. Sie galt als Sinnbild der Lebenskraft und durfte im Kräuterkessel der Druiden niemals fehlen.

VENENSALBE

Tinktur: 3 Handvoll frischer, blühender Steinklee • 70%iger Alkohol

Salbe: 15 ml Steinkleetinktur • 50 ml Ringelblumenöl • 15 g Bienenwachs

Für diese Venensalbe musst du dir zuerst eine Steinkleetinktur machen. Diese setzt du mit dem Steinklee und dem Alkohol an. Der Alkohol sollte nicht weniger als 70 Prozent haben, da sich sonst die Cumarine nicht aus dem Kraut lösen lassen. Diese Mischung lässt du dann etwa einen Mondzyklus (etwa 28 Tage) lang ziehen. Dann kannst du die Tinktur weiterverarbeiten. Das geht wie folgt: In einem Wasserbad erwärmst du das Ringelblumenöl mit dem Bienenwachs. Wenn alles flüssig und gut vermischt ist, nimmst du die Mischung vom Herd und lässt sie unter ständigem Rühren abkühlen. Sobald sie langsam fest wird, kannst du die Steinkleetinktur einarbeiten. Als Special kommen nun auch noch etwa 10 Tropfen von einem ätherischen Rosmarinöl dazu. Die Salbe kannst du nun in einen Tiegel füllen und täglich verwenden.

Ich für meinen Teil lasse mich von nichts und niemandem mehr an der Nase herumführen. Außer vielleicht vom Steinklee, der darf das natürlich weiterhin. Und falls es dennoch jemand aus meinem Umfeld zum wiederholten Male versuchen möchte, habe ich dank meiner erfrischenden Venensalbe super ausgeruhte Beine zum Davonsprinten.

Taschenwissen für die Kaffeepause
Cumarine
frisches Heu
Venenmittel

44

Stinkender Storchschnabel
Geranium robertianum

Die blumige Stinkbombe

Familie: Storchschnabelgewächse
Nennenswerte Inhaltsstoffe: Gerbstoffe, ätherische Öle
Anwendung: entgiftend, lymphreinigend, bei Kopfschmerzen, blutreinigend, immunstärkend
Verwendete Pflanzenteile: blühendes Kraut

Sommer, Hitze, gefühlte 50 Grad im Schatten. Um mit diesen Backofentemperaturen klarzukommen, flüchtet man – sofern es die Gegebenheiten zulassen – recht gerne in den kühlen Wald. Dort ist es etwas schattiger, angenehmer und vor allem riecht es gut.
Na ja, das stimmt jetzt allerdings nur, wenn man nicht auf andere Leute trifft, hinter denen eine penetrante Parfümwolke herwabert, die auch dann noch fast sichtbar in der Luft hängt, wenn sich die Geruchsquelle schon längst entfernt hat.

Starken Schweißgestank und zu intensive Parfümierung empfinde ich als grausame Attacken auf mein armes Näschen, und Menschen, die mir das antun, nenne ich Stinkbomben auf zwei Beinen. Auch in der Pflanzenwelt gibt es so einige unangenehme Kandidaten für diese Auszeichnung. Hier zu nennen ist der Stinkende Storchschnabel.

Taschenwissen für die Kaffeepause
müffelnder Kollege
Samenstand wie ein Storchenschnabel
rote Stängel wie Blutgefäße

KLUGSCHEISSERWISSEN

Seinen botanischen Namen *Geranium robertianum* kann man grob mit „Roberts Geranie" übersetzen. Ein Naturforscher fühlte sich beim etwas unangenehmen Geruch dieser Pflanze stark an einen müffelnden Kollegen namens Robert erinnert und hatte damit auch schon einen Namen für die Pflanze gefunden. Geht also niemals ungewaschen oder penetrant parfümiert unter die Menschen, es könnte ja jemand auf die Idee kommen, etwas Stinkendes nach euch zu benennen.

Ein anderer Name lautet Ruprechtskraut. Diesen Namen führen manche auf den heiligen Ruprecht, den ersten Bischof und Landesheiligen von Salzburg, zurück, der recht begeistert von den Heilkräften dieses Kräutleins war und das angeblich auch gerne von der Kanzel predigte.

Die deutsche Bezeichnung ist hingegen recht schnell erklärt: Der längliche Samenstand dieser Blume erinnert wirklich stark an den Kopf eines Storches samt dem langen, spitzen Schnabel.

Man mag es kaum glauben, doch diese recht müffelnde „Mitpflanze" kann dem Körper tatsächlich bei der Selbstreinigung behilflich sein. Das Kräutlein wirkt nämlich auf das Lymphsystem, und dieses spielt wiederum eine Rolle bei der Reinigung des Zwischenzellraumes. Auch an der Blutreinigung ist es beteiligt. Laut der Signaturenlehre verkörpern nämlich die rötlichen Stängel die Blutgefäße. Die Volksheilkunde hingegen kennt den Storchschnabeltee als Mittel bei unerfülltem Kinderwunsch. Der Storchschnabel eignet sich aber auch für äußerliche Anwendungen. Seine Inhaltsstoffe wirken zusammenziehend und können so die Wundheilung beschleunigen.

KOPFWEHTEE

getrocknetes Kraut von: Stinkendem Storchenschnabel • Mädesüß • Melisse

Wer unter Spannungskopfschmerzen leidet, könnte manchmal glatt die Wände hochgehen. Auf diese Akrobatik kann man ruhig verzichten, wenn man sich früh genug einen hilfreichen Tee aus Stinkendem Storchschnabel, Mädesüß und Melisse zubereitet. Die Kräuter mischst du zu gleichen Teilen, übergießt sie mit heißem Wasser und lässt den Tee für einige Minuten ziehen. Getrunken wird der Tee schluckweise, und zwar können es gerne 2–3 Tassen sein, je nachdem wie lange die Kopfschmerzen anhalten. Ich setze hier auf die blut- und lymphreinigende Wirkung des Storchschnabels, den schmerzlindernden Effekt des Mädesüß und den beruhigenden Einfluss der Melisse.

Ich für meinen Teil werde dieses Jahr statt der üblichen Balkongeranien einfach mal den Stinkenden Storchschnabel anbauen. Vielleicht hält er mir ungebetene Gäste und die besonders neugierigen Nachbarn vom Leib.

(WEISSE) TAUBNESSEL

Lamium album

Die schwerhörige alte Dame

Familie: Lippenblütler
Nennenswerte Inhaltsstoffe: Gerbstoffe, ätherische Öle, Flavonoide
Anwendung: schleimlösend, blutreinigend, krampflösend, bei Menstruationsstörungen
Verwendete Pflanzenteile: blühendes Kraut, Blüten

Fragt man Hummeln nach der leckersten und schmackhaftesten Pflanze, bekommt man bei neun von zehn Tierchen mit kleinen Flugtänzen und begeistertem Summen nur einen Namen zu hören: die Taubnessel. Hummeln und auch Bienen stehen sehr auf den Blütennektar der Taubnessel. Das rege Treiben rund um die Taubnesseln erinnert an einen großen Flughafen. Genauso ist es mit der Lautstärke. Die dicken Brummer machen ganz schön Lärm, wenn sie am Arbeiten sind. Nur gut, dass die Taubnessel das emsige Summen der kleinen Tierchen nicht hören kann. Denn (Achtung, der kommt flach): Diese Nessel ist ja taub. Hätte man sich ja denken können, dass diese alte Dame mit ihrer weißen Frisur in ihrem hohen Alter leider nur noch ganz wenig hören kann. Alle anderen Taubnesseln sind ebenfalls hochbetagt. Sie wollen sich das allerdings nicht eingestehen und färben sich daher ihre Haare blond und violett. Es kann leider nicht jeder für immer 25 bleiben, so wie ich.

Taschenwissen für die Kaffeepause
tiefer Schlund
Chlorophyll
Korrigens

Die Unwissenden und jene, die die Taubnessel nicht so gut kennen wie ich, haben eine andere Theorie: Das „Taub" in Taubnessel kommt von ihrer Ähnlichkeit mit der Brennnessel. Schaut man nicht ganz so genau hin, kann man die Blätter tatsächlich verwechseln. Der Unterschied ist aber schnell und ganz eindeutig spürbar. Während die Brennnessel schon fast VOR einer zufälligen Berührung ganz fies brennt, spürt man bei der Taubnessel rein gar nichts. Somit könnte man auch sagen: Unser Körper ist taub, weil er nichts spürt.

Der botanische Name *Lamium* kommt aus dem Griechischen (*lamos*) und bedeutet so viel wie Schlund. Die Blüte versteckt nämlich ihren leckeren Nektar ziemlich weit in ihrem Inneren, sodass nur langrüsselige Insekten da drankommen. Beobachtet man Hummeln, die ganz tief in die Blüte kriechen, um den Nektar zu sammeln, sieht es schon ein wenig so aus, als ob sie von der Blüte verschluckt würden.

Als Heilpflanze gibt die Taubnessel nicht ganz so viel her. Sie wird zwar dank ihrer verschiedenen Inhaltsstoffe bei Frauenleiden eingesetzt, jedoch sollte man nicht auf sie allein setzen. Dafür hat sie einfach zu wenig Power. Jedoch kann sie gut und gerne andere Kräuter in ihrer Wirkung unterstützen. Hier bildet die Taubnessel mit dem Frauenmantel, der Schafgarbe, den Himbeerblättern und auch dem Mönchspfeffer ausgesprochen gute und erfolgreiche Teams. Zudem verleiht sie jedem Tee einen wunderbar milden und süßlichen Geschmack. In diesem Fall wird die Taubnessel als Korrigens eingesetzt. Sie korrigiert also den Geschmack eines Tees.

KLUGSCHEISSERWISSEN

Neben Schleimstoffen und Gerbstoffen finden wir bei der Taubnessel – wie bei fast allen anderen Pflanzen auch – Chlorophyll. Für alle, die im Bio-Unterricht in der letzten Reihe saßen und bloß Unsinn im Kopf hatten, hier nochmal eine kurze Auffrischung: Chlorophyll ist ein natürlicher, grüner Farbstoff, der von Pflanzen gebraucht wird, um Photosynthese zu betreiben. Hierzu benötigt die Pflanze Sonnenlicht und Kohlendioxid, die dann in den Chloroplasten zu Zucker und Sauerstoff umgewandelt werden. Den Sauerstoff schenken uns die Pflanzen, da sie ihn nicht brauchen. Auf unseren Körper wirkt Chlorophyll entgiftend und antioxidativ, es unterstützt die Haut und ist so etwas wie ein natürliches Anti-Aging-Mittel.

ALTE DAME IM SCHLAFROCK

1 Bund blühende Taubnesseln • 200 ml Palatschinkenteig

Das frische und blühende Taubnesselkraut tauchst du in einen recht flüssigen, gut gewürzten Palatschinkenteig und lässt es kurz abtropfen. Dann brätst du es in etwas Öl bei mittlerer Hitze von beiden Seiten goldgelb an. Sehr empfehlenswert auch mit Preiselbeeren oder Kräutermayo zum Dippen und als Fingerfood zum Aperitivo.

Ich für meinen Teil werde nun dieser weißhaarigen Dame meinen wöchentlichen Besuch abstatten. Falls ihr mich also kräftig rumschreien hört, keine Angst. Das bin nur ich, wie ich lautstark versuche, der alten Taubnessel den neuesten Kräuterklatsch und -tratsch zu erzählen.

46

VERGISSMEIN-NICHT
Myosotis

Die wilde Partymaus

Familie: Raublattgewächse
Nennenswerte Inhaltsstoffe: Pyrrolizidinalkaloide
Anwendung: leicht entzündungshemmend
Verwendete Pflanzenteile: blühendes Kraut

Und schon wieder vorbei, der Urlaub. Dabei bin ich noch gar nicht richtig fertig mit Ausruhen, Chillen und Auf-der-faulen-Haut-Liegen. Ich hab null Bock, daran zu denken, dass die Arbeit sehnsüchtig auf unser Wiedersehen wartet. Warum kann ich nicht einfach kündigen, ganz spontan ins Grüne fahren und die nächsten Jahre blaumachen und vielleicht sogar ein wenig blau sein? So wie das Vergissmeinnicht.

So unschuldig das kleine Blümchen auch wirken mag, es ist ein richtig wildes Partyluder. Und zudem ständig betrunken. Dieses Blümchen kennt wohl keinen Unterschied zwischen blau sein und blaumachen. Andauernd hält es seine kleinen Mausohren offen auf der Suche nach der nächsten Fete oder einer schicken Biene, von der es sich bestäuben lassen kann. Erst dann legt es seinen prolligen Goldring und die wilden Partygewohnheiten ab und kümmert sich ausschließlich um den Nachwuchs.

Der botanische Name *Myosotis* bedeutet Mauseohr. Die Form der Vergissmeinnichtblätter erinnert eindeutig an

Mauseöhrchen. Zum deutschen Namen gibt es eine fantastische Geschichte aus der griechischen Mythologie: Als der Göttervater Zeus die Namen an alle Pflanzen verteilte, blieb ein einziges Blümchen übrig. Dieses blaue Blümchen geriet in Panik, Zeus könnte es vergessen haben. So flehte es ihn inbrünstig an: „Bitte vergiss mich nicht!" Zeus, dem das so sehr gefiel, hatte nun auch für die letzte Pflanze den passenden Namen gefunden, nämlich Vergissmeinnicht.

Als Familienmitglied der sogenannten Raublattgewächse zeigt auch diese Pflanze kleine Borsten an ihren Blättern. So fühlen sich diese tatsächlich ein wenig wie ein unrasiertes Männerkinn an. Nun ja, wenn man ständig blau ist und blaumacht, legt man auf die tägliche Rasur wohl keinen besonderen Wert. Als weiteres gemeinsames Merkmal enthalten alle Mitglieder dieser Familie Pyrrolizidinalkaloide. Das sind Stoffe, die leberschädigend wirken, wenn sie über einen längeren Zeitraum in hoher Konzentration eingenommen werden. Im Vergissmeinnicht sind sie aber so gering dosiert, dass ein gesunder Mensch die Blumen schon kiloweise verzehren müsste, um die negativen Wirkungen zu spüren. Daher zählt das Vergissmeinnicht nicht zu den giftigen Pflanzen. Giftig sind nur die spitzen Bemerkungen, die das Blümchen betrunkenerweise nach einer viel zu langen Partynacht manchmal fallen lässt.

KLUGSCHEISSERWISSEN

Das intelligente Vergissmeinnicht hat eine ganz besondere Art, seine Fortpflanzung zu organisieren. Zeigt es nämlich inmitten seiner blauen Blüten einen gelben Ring – die sogenannten Schlundschuppen, so bedeutet das, dass es noch Pollen enthält und bestäubt werden kann. Ist der Ring jedoch schon verblasst bzw. gar schon weiß, dann ist die Bestäubung erfolgt und das Blümchen „schwanger".

Die Schlundschuppen: gelb und weiß

ENTSPANNUNGSSAFT ZUM BLAUMACHEN

500 ml Wasser • 400 ml Rohrzucker • eventuell Zitronensäure • 1 Handvoll Vergissmeinnicht • einige Lavendelblüten

Für dieses chillige Feierabendgetränk kochst du in einem Topf das Wasser mit dem Rohrzucker auf. Je nach Belieben kannst du Zitronensäure dazugeben. Hat sich der Zucker vollständig aufgelöst, nimmst du den Topf vom Herd und gibst die Blüten dazu. Das Ganze lässt du dann für etwa 1 Stunde ruhen, bevor du den Saft filterst und in Flaschen abfüllst. Mit Mineralwasser, Eiswürfeln und ein paar Minzblättern ist es das ultimative Feierabendgetränk. Und wenn der Tag ganz schlimm war, kann das Mineralwasser auch durch Prosecco ersetzt werden. Prost.

Ich für meinen Teil muss nun leider doch meinen alten Kräuterhintern in die Arbeit schaffen. Einer von uns muss ja Geld zum Partymachen verdienen. Und da ich mir fast sicher bin, dass das Vergissmeinnicht heute auch wieder blaumacht, bleibt das wohl oder übel an mir hängen.

Taschenwissen für die Kaffeepause
Mauseohr
gelber Ring: noch nicht schwanger
nicht giftig

Klugscheißerwissen Kräuter

47

VOGELMIERE
Stellaria media

Die Kräuterpunkerin

Familie: Nelkengewächse
Nennenswerte Inhaltsstoffe: Saponine, Mineralien, Vitamine
Anwendung: harntreibend, schleimlösend, blutreinigend
Verwendete Pflanzenteile: Kraut

Der Irokesenschnitt ist ein Haarkamm auf einem sonst rasierten Schädel und verläuft von der Stirn bis in den Nacken. Nein, keine Sorge, wir sind hier nicht im Frisurenteil der „Brigitte". Ich werde weder erläutern, was einen Longbob ausmacht, noch zähle ich sieben unhandliche und zum Teil sehr komplizierte Methoden auf, sich einen Out-of-bed-Dutt zu basteln. Die einzige Frisur, von der wir hier sprechen werden, ist die der Vogelmiere.

Die Vogelmiere hat ihr Leben dem Punk verschrieben. Als echte Punkerin trägt sie deshalb natürlich auch einen wunderbaren und beneidenswerten Irokesenschnitt. Er ist eines ihrer Markenzeichen. Als Punkerin pfeift sie mit Kräuterleib und Kräuterseele auf die üblichen Regeln und trägt den Iro einfach dort, wo es ihr gefällt. Ihren Haarkamm findet man deshalb nicht auf dem Kopf, sondern an ihrem Stängel. Diese einzelne Haarlinie, die sich von unten bis oben durchzieht, ist ihr untrügliches Erkennungszeichen.

**Taschenwissen
für die Kaffeepause**
Hühnerdarm
fünf Blütenblätter
Haarzeile

Etwas weniger punkig sind ihre sternförmigen Blüten. Bei oberflächlicher Betrachtung meint man fast, zehn Blütenblätter zu sehen, merkt aber beim genaueren Hinsehen, dass es nur fünf sind, die fast bis zum Grund eingeschlitzt sind. An diesem Merkmal kann man sie recht gut vom Hornkraut unterscheiden. Seine Blütenblätter sind nämlich nur höchstens bis zur Mitte geteilt. Und wer noch eine Eselsbrücke braucht, hier bitteschön: Die Vogelmiere als echte Punkerin lebt am Rande der Gesellschaft. Auch ihre Blütenblätter sind bis zum Rand geteilt.

Dank der enthaltenen Saponine ist die Vogelmiere ein perfektes Kraut für den Frühjahrsputz. Die Inhaltsstoffe der Pflanze reinigen den Körper und bereiten ihn so auch sanft auf die Sommermonate vor. Aber auch bei Ekzemen kann man auf die unterstützende Kraft der Vogelmiere setzen. Als leckerer Smoothie ist sie im Team mit jungen Gierschblättern imstande, wunderbare Ausleitungsarbeit zu leisten.

KLUGSCHEISSERWISSEN

Ein anderer Name der Vogelmiere lautet Hühnerdarm, eine meiner Meinung nach nicht ganz so schmeichelhafte Bezeichnung. Nimmt man einen Stängel der Vogelmiere und zieht ihn links und rechts auseinander, bis er bricht, schaut aus einem Ende eine Art dünner Faden heraus. Das sind die Leitbündel. Diese braucht die Pflanze, um sich unter anderem mit Wasser und Nährstoffen zu versorgen. Sie reichen von der Wurzel bis zur Blüte. Es sind sozusagen die Adern bzw. Blutgefäße der Pflanze. Der Entdecker hatte wohl anscheinend zu viel Umgang mit Hühnern.

VOGELMIERENSUPPE

2 kleine Kartoffeln • 1 Zwiebel • 2 EL Mehl • 3–4 Handvoll Vogelmierenkraut • 1 l Gemüsebrühe • etwas Sahne

In einem Topf röstest du die klein geschnittenen Kartoffeln mit der in Würfel geschnittenen Zwiebel in etwas Öl an und gibst dann das Mehl und das Vogelmierenkraut dazu. Dann gießt du das Ganze mit der Gemüsebrühe auf und lässt es köcheln, bis die Kartoffeln gar sind. Nun kannst du die Suppe pürieren, noch eine Handvoll kleingeschnittene Vogelmiere dazugeben und das Gericht mit ein wenig Sahne verfeinern. Mahlzeit.

Ich für meinen Teil bin von dem ganzen Gerede über Punk nun fast dazu gezwungen, meine alten, zerfledderten Jeans und die abgerockte Nietenjacke aus dem Keller zu holen, um einen kurzen Abstecher in die Vergangenheit zu wagen. Und mit meinen langen Haaren kann ich mir wohl den höchsten und prächtigsten Iro überhaupt frisieren. Vielleicht setze ich sogar einen neuen Trend in der Frisurenmode.

WACHOLDER
Juniperus communis

Der Hexenschreck

Familie: Zypressengewächse
Nennenswerte Inhaltsstoffe: ätherische Öle, Bitterstoffe, Vitamin C
Anwendung: harntreibend, magenstärkend, blutreinigend, bei Gicht, Rheuma, in der Rekonvaleszenz
Verwendete Pflanzenteile: Beeren, Nadeln

Letztens wurde ich ungewollt zur Zeugin einer Diskussion zwischen einem Biologen und einer Kräuterexpertin. Es ging heiß her, sie redeten sich in Rage und wurden immer lauter. Als beiden die Argumente ausgingen, wurde der Ton etwas ruppiger. In diesem Metier begnügt man sich aber nicht mit herkömmlichen Schimpfwörtern, sondern drückt sich natürlich kreativ und auch themenbezogen aus. Am besten fand ich „Nacktsamer" und „Kranewittbesen". Da wurde mir klar: Es konnte hier nur um den Wacholder gehen, und bei den beiden Wörtern handelte es sich auch gar nicht um Schimpfwörter.

Kranewittbesen könnte man als Beleidigung verstehen, wenn man nicht weiß, was das ist. Kranewittstaude oder einfach nur Kranewitter ist in manchen Gegenden ein anderes Wort für Wacholder. Ein Kranewittbesen bzw. der Kranewittzweig wurde als Schutz vor Hexen über dem Hauseingang befestigt. Da Hexen anscheinend an einem notorischen Zählzwang leiden, konnten sie das ausgewählte Haus nicht betreten, bevor

Taschenwissen für die Kaffeepause
Nacktsamer
immergrün
entzündungshemmend

nicht alle einzelnen Nadeln des Wacholderastes gezählt waren. So gilt der Kranewittbesen also als Schutz für Haus und Hof. Eine Beleidigung ist der Kranewittbesen also allenfalls für böse Hexen, die vor der Tür warten müssen.
Kleiner Tipp: Da der Wacholder bis zu 600 Jahre alt werden kann und das ganze Jahr über grün bleibt, kann auch ein ganzer Strauch gepflanzt werden. So gibt es noch mehr Nadeln zum Zählen. Das schreckt nicht nur Hexen ab, sondern vielleicht auch ungebetene Gäste.

Auch bei anderen unangenehmen Vorfällen, an denen Hexen beteiligt sind, eilt der Wacholder schnell zur Hilfe. Einem schmerzhaften Hexenschuss zum Beispiel kann man mit Wärme und einer entzündungshemmenden Wacholdersalbe gut zu Leibe rücken.

Wacholder gilt auch als hilfreiches Mittel bei Rheuma und bei Gicht. Der Name Gichtbaum kommt also nicht von ungefähr. Hier ist allerdings zusätzlich die innere Einnahme empfehlenswert, da diese die Durchblutung der Niere und die Harnausscheidung begünstigt. So wirkt der Wacholder als Diuretikum und laut Volksheilkunde als Blutreiniger. In der Schwangerschaft oder bei Nierenerkrankungen sollte man allerdings auf die Einnahme von Wacholder verzichten.

Als Gewürz aktiviert der Wacholder auch noch die Verdauung, vor allem bei fetten oder schweren Speisen. Da der Strauch als zweihäusig gilt, finden wir auch hier den Herrn Wacholder und die Frau Wacholder. Beeren trägt nur Frau Wacholder, und dabei handelt es sich nicht um Früchte, wie man annehmen möchte, sondern um kleine Zapfen mit ganz fleischigen und verklebten Schuppen. Das verleiht den Früchten ein beerenartiges Aussehen. Interessanterweise sind die Früchte an einer einzigen Kranewittstaude fast immer in verschiedenen Stadien zu sehen. Nach der Bestäubung bildet die Pflanze grüne Beeren, die dann erst im dritten Jahr die volle Reife und somit auch die wunderbare blaue Farbe erlangen.

KLUGSCHEISSERWISSEN

Nacktsamer ist ein Begriff aus der Botanik. Es sind Samenpflanzen, bei denen sich die Samenanlagen, also die weiblichen Fortpflanzungsorgane, nicht in einem geschlossenen Fruchtknoten befinden. Sie liegen offen, sozusagen nackt, auf einer Samenschuppe. Zu den Nacktsamern zählen die Nadelbäume und auch der Wacholder. Bedecktsamer hingegen tragen die Samenanlagen geschützt im Fruchtknoten. Dazu zählen Blumen, wie zum Beispiel die Ringelblume, die Taubnessel und der Rotklee.

ANTIHEXENSALBE

10 g Bienenwachs • 10 g Kokosöl • 20 ml Johanniskraut-Ölauszug • 20 Tropfen ätherisches Wacholderöl • 20 Tropfen ätherisches Fichtenöl

Das Bienenwachs wird mit dem Kokosöl in einem Wasserbad geschmolzen. Sobald sich alles verflüssigt hat, wird der Johanniskraut-Ölauszug untergerührt. Wenn die Mischung etwas abgekühlt, aber noch flüssig ist, werden die ätherischen Öle untergerührt und die Salbe wird schnell in Glastiegel gefüllt. Nach dem Auskühlen wird der Tiegel verschlossen. Du kannst diese Antihexensalbe natürlich bei Hexenschuss, aber auch bei Gelenksschmerzen verwenden oder wenn es mal wieder heißt: „Ich hab Rücken."

Bei diesen äußerst hilfreichen und positiven Eigenschaften des Kranewitters kann ich nur Beifall klatschen, wenn der Volksmund sagt: „Vor dem Holunder sollst du den Hut ziehen und vor dem Wacholder niederknien."

Ich für meinen Teil habe bei der hitzigen Diskussion nicht nur inhaltlich einiges erfahren, sondern auch noch ein, zwei wirklich sehr amüsante Schimpfwörter gelernt. Nun muss ich allerdings schleunigst nach Hause, um mit dem Zählen der Wacholdenadeln zu beginnen, bevor ich endlich meine Wohnung betreten darf.

WEGWARTE
Cichorium intybus

Die Frühaufsteherin

Familie: Korbblütler
Nennenswerte Inhaltsstoffe: Bitterstoffe, Inulin
Anwendung: harntreibend, verdauungsfördernd, bei Leber-, Milz-, Nierenbeschwerden
Verwendete Pflanzenteile: Blätter, Blüten, Wurzel

Endlich Urlaub. Das Wetter ist schön, alle Miturlaubenden sind fröhlich und gechillt, bis ... ja, bis es um die Reservierung der besten Pool-Liegen geht oder das leckere Buffet eröffnet wird. Dann kommen die Ellbogen zum Einsatz, um das beste Schnitzel oder den leckersten Nachtisch zu ergattern. Motto: „Nach mir die Sintflut." Da könnte Mensch sich glatt von den Insekten abschauen, wie man sich gesittet benimmt. Mutter Natur, die coole Socke, hat das perfekt organisiert.

Durch die gestaffelten Öffnungszeiten der verschiedenen Blüten wird gesichert, dass die fleißigen Insekten zu jeder Tages- und Nachtzeit einen reichlich gedeckten Tisch vorfinden. Es ist jederzeit genug für alle da, niemand kommt zu kurz. Dieses Timing der Natur nennt man auch Blumenuhr, Klugscheißer sprechen von Phänologie. Die Wegwarte übernimmt gerne den Frühdienst ab etwa 5 Uhr morgens und bleibt dann bis etwa 14 Uhr geöffnet. Die Lichtnelke hingegen hat die Spätschicht und öffnet ihre Blüten von 19 bis 22 Uhr. Die Nachtschicht übernimmt die Nachtkerze: Sie blüht von etwa 20 Uhr bis 6 Uhr morgens. Außerhalb der Randzeiten kommen zahlreiche andere Blütenpflanzen mit ihrem Angebot dazu.

Taschenwissen für die Kaffeepause
Inulin
Bachblüte
Urahne des Chicorée

Die Geschichte der Wegwarte ist eine recht traurige. So soll es in längst vergangener Zeit eine Prinzessin gegeben haben, deren Geliebter in den Krieg ziehen musste. Vor lauter Sehnsucht wartete sie Tag und Nacht neben dem Weg, an dem sie ihre große Liebe verabschiedet hatte, bis sie mit ihrem wunderschönen blauen Kleid in eine noch schönere blaue Blume verwandelt wurde.

Für die Prinzessin nur das Beste. So besteht auch das Pflanzenkleid der Wegwarte nur aus den schönsten Blüten. Es sind, genauer gesagt, blaue Zungenblüten. Als Familienmitglied der Korbblütler fällt sie nämlich in die Kategorie der Blumen, die ausschließlich Zungenblüten bilden. Neben diesen gibt es auch noch Blumen mit Röhrenblüten, wie den Rainfarn, und Blumen, die beide Blütenarten aufweisen, wie die Sonnenblume.

KLUGSCHEISSERWISSEN

Der Ballaststoff Inulin ist für mich definitiv ein Superfood. Man findet ihn in den Wurzeln der Wegwarte, aber auch in den Wurzeln des Alants und der Topinambur. Das Tolle an diesem Stoff ist, dass er von Darmbakterien, genauer gesagt den Bifidobakterien, als Energiequelle verwendet werden kann. So erhalten die kleinen und sehr nützlichen Lebewesen ein reichhaltiges Buffet und können sich schnell vermehren. Diese Bakterien werden manchmal auch als sogenannte Probiotika eingesetzt. Vereinfacht gesagt: Sie verhindern das Wachstum anderer nicht so nützlicher Bakterien und regen das Immunsystem an. So können sie recht hilfreich bei verschiedenen Darmerkrankungen sein. Als Stärkeersatz kann Inulin auch bei Diabetes mellitus eingesetzt werden, da es den Blutzuckerspiegel nicht erhöht. Bei Menschen, die sich eher ballaststoffarm ernähren, kann Inulin allerdings zu Blähungen führen.

Die Wegwarte dient unter anderem als Bachblüte. Sie eignet sich sehr für Menschen, welche auf der Suche nach Bestätigung sind. Sie sind schnell gekränkt, vertragen zudem keine Kritik, möchten aber alles unter Kontrolle halten, manchmal mit einem Übermaß an Fürsorge.

Was viele nicht wissen: Der uns allen bekannte Chicorée stammt von der Wegwarte ab. Sie ist sozusagen die wilde Variante, sprich seine Urform. Daher kennt man die Wegwarte auch als Zichorie. Bei Kräuterfans wird die Wegwartenwurzel vor allem wegen ihres Inulingehaltes geschätzt.

KÖNIGLICHES RÄUCHERREZEPT

Die Wegwarte kann und sollte unbedingt in heimische Räuchermischungen. Sie schützt vor allem auf psychischer Ebene und löst seelische Blockaden. Meine Mischung enthält zudem Meisterwurz, Wermut, Muskatellersalbei, blaue Kornblume und Boswelliaweihrauch. Die Zusammensetzung lautet wie folgt:

2 EL Boswelliaweihrauch • 2 EL Meisterwurzwurzel •
2 EL Wegwartenkraut • 2 EL Muskatellersalbeiblüten •
1 EL Wermutkraut • 1 EL blaue Kornblume

Die wertvollen Zutaten werden gut miteinander gemischt und dann bei Bedarf verräuchert.
Kleiner Tipp: Das ist auch eine fantastische Mischung für die Raunächte zwischen den Jahren.

Ich für meinen Teil habe mich heute von der Wegwarte kurz vor 5 Uhr wecken lassen, sodass ich mir gleich die schönste Pool-Liege reservieren konnte. Nun warte ich, bis das Frühstücksbuffet eröffnet wird, damit ich die Erste bin und alles bis auf den letzten Krümel aufessen kann.

Klugscheißerwissen Kräuter

WEISSDORN
Crataegus monogyna

Der Märchenmechaniker

Familie: Rosengewächse
Nennenswerte Inhaltsstoffe: Gerbstoffe, Flavonoide, ätherische Öle
Anwendung: bei Beschwerden des Herz-Kreislauf-Systems, blutdruckregulierend, durchblutungsfördernd
Verwendete Pflanzenteile: Blüten, Blätter

Manchmal habe ich das Gefühl, ich arbeite einzig und allein für mein Auto. Ständig ist irgendein Licht kaputt, Tanken wird auch immer teurer, und die Kratzer, die mir die Säule in der Garage immer heimlich zufügt, sind auch ihr Geld wert. Bloß der Motor – klopf auf Holz – blieb bislang verschont. Der gemeine Marder hat wohl andere Kabel zum Snacken und Durchbeißen gefunden. Zum Glück. Trotzdem bleibt mir der Gang zum Mechaniker meines Vertrauens leider nicht erspart.

Apropos Mechaniker meines Vertrauens: Ich habe mir von einer recht redseligen Gundelrebe erzählen lassen, dass in der Pflanzenwelt der einzig brauchbare Mechaniker wohl der Weißdorn sei. Dank seiner reichlichen Heilkräfte unterstützt er den Motor des menschlichen Körpers: das Herz. Mit dieser „Maschine" kennt er sich nur allzu gut aus. Er kann zu hohen und auch zu niedrigen (Blut-)Druck in den Schläuchen (Gefäßen) ausgleichen. Toller Mann, dieser Weißdorn.

Taschenwissen für die Kaffeepause
Hecke im Märchen
Herz-Kreislauf-System
hartes Holz

Die meisten Heilkräfte dieser Pflanze finden wir in den Blüten und den Blättern. Diese kann man als Tee oder Tinktur zubereiten. Wie schon erwähnt, kümmert sich der Weißdorn um alle Belange, die das Herz-Kreislauf-System betreffen. Er sorgt für eine gesteigerte Durchblutung des Herzmuskels, erweitert Gefäße und gleicht zu hohen oder zu niedrigen Blutdruck aus. Eine Kur mit Weißdorn zeigt allerdings erst nach etwa vier bis etwa sechs Wochen ihre positive Wirkung. Das Gute daran ist, dass beim Einsatz von Weißdorn so gut wie keine Nebenwirkungen zu erwarten sind. Somit kann er auch schon in weiser Voraussicht auf die alten Tage des Herzens eingenommen werden. Doch auch auf das Nervensystem wirkt er regulierend. So hilft er bei Einschlafstörungen und versöhnt Sympathikus („Stressnerv") und Parasympathikus („Ruhenerv") miteinander. Auch bei nervösen Herzbeschwerden und bei Liebeskummer entfaltet er seine heilende und unterstützende Kraft.

Das Holz des Weißdorns gilt als sehr hart. Ist es frisch, schwimmt es nicht, sondern geht gleich unter. Zudem haben die Holzfasern eine etwas besondere Wuchsform. Sie drehen sich nämlich leicht beim Wachsen, was das Holz zwar sehr stabil macht, das Bearbeiten allerdings eher etwas schwierig gestaltet. Trotzdem, oder vielleicht gerade deshalb, war Weißdornholz ein sehr beliebtes Material für Zauberstäbe. Diese magischen Holzteile sollten vor Verhexungen und bösen Dämonen schützen. Klingt irgendwie auch logisch, wenn man die gesamte Gestalt dieser Staude betrachtet. Wer dem Weißdorn schon mal zu nahe gekommen ist, kann ein Lied von den Dornen erzählen, mit denen er sich gnadenlos zur Wehr setzt. Das dürfte auch hinter dem Glauben stehen, dass man mit einem Zauberstab aus seinem Holz jeden Angriff abwehren kann.

Der Bruder des Weißdorns nennt sich Schwarzdorn, oft auch Schlehe. Die beiden entstammen zwar derselben Familie, ähneln sich aber nur gering im Wuchs (beide tragen Dornen). So findet man beim Schwarzdorn recht dunkles Holz, jenes des Weißdorns ist zwar nicht weiß, aber schon merklich heller.

KLUGSCHEISSERWISSEN

Man geht davon aus, dass die Hecke um Dornröschens Schloss nicht etwa aus Rosen bestand, sondern aus Weißdorn. Beide gehören zwar derselben Familie an, aber es gibt schon ein, zwei Unterschiede. Auch auf die Gefahr hin, dass man mich jetzt eine langweilige Haarspalterin nennt, muss ich hier noch einmal etwas betonen: Allen Redensarten zum Trotz tragen Rosen keine Dornen, sondern Stacheln. Als Dornen bezeichnet man spitze, verkümmerte Pflanzenorgane, meist Zweige, die alle Versorgungsgefäße in sich tragen. Stacheln hingegen sind lediglich eine Ausstülpung der Oberhaut, haben daher auch keine Leitgefäße und können ganz leicht vom Untergrund abgeknibbelt werden. Wären es im Märchen tatsächlich Rosen gewesen, müsste die schöne Prinzessin folgerichtig Stachelröschen heißen.

HERZLIKÖRCHEN

200 g Weißdornfrüchte • 1 Handvoll Melisseblätter • 1 Handvoll Herzgespannblätter • 1 Vanilleschote • 200 g Kandiszucker • Wodka

Schneide die Weißdornfrüchte mit einem Keramikmesser einmal in der Mitte durch und gib sie in ein verschließbares Gefäß. Dazu kommen zerkleinerte Melisse und Herzgespann, eine Vanilleschote, der Kandiszucker und ganz zum Schluss der Alkohol. Mit diesem werden alle anderen Zutaten im Gefäß gut bedeckt. Die Mischung darf nun 3–4 Wochen ziehen und kann bei Herzensangelegenheiten zum Zug kommen. Prost.

Ich für meinen Teil werde nun ein richtig ernstes Gespräch mit meiner gemeinen „Freundin", der Säule in der Garage, führen. So kann das nicht weitergehen. Vielleicht lässt sie sich ja mit einem Herzlikörchen besänftigen und verschont zukünftig mein schönes Auto.

LIEBLINGS-KRÄUTER

Ist doch alles Kacke!
So fühlt es sich manchmal an, wenn man ich ist. Wer kennt sie nicht, diese Tage, an denen alles aus dem Ruder läuft und man am liebsten einfach nur nackt und laut schreiend durch die Nachbarschaft rennen würde? Warum nackt? Nun ja: Wer durchdreht, braucht auch keine Klamotten mehr.
Wenn man sich zum Beispiel morgens unendlich auf den leckeren Kaffee in seiner blau geblümten Lieblingstasse freut, man aber daraufhin die Tasse samt Inhalt wegen eines kleinen Montagmorgen-Schwächeanfalls fallen lässt, dann ... ja dann steht man erstmal da und blickt recht doof und ungläubig im Nachthemd auf den kaffeegetränkten Boden. Diese Sauerei muss man dann auch noch selbst – vor dem ersten Kaffee – sauber machen! Ich weiß nicht, wie es euch dabei geht, aber mir platzt da schon mal der Kragen.

Es gibt einfach Tage, an denen man sich vom Leben richtig ungerecht behandelt fühlt. Manchmal sind es größere, oft aber auch die kleinsten Sachen, die mich zur Weißglut treiben. Und glaubt mir: So viele Baldriantropfen können gar nicht hergestellt werden, wie ich manchen Leuten – zum Teil auch mir selbst – einfach richtig kräftig in die Wange zwicken möchte. Meine gute Kinderstube verbietet mir allerdings, meine Pläne in die Tat umzusetzen.

Gefühle und Gedanken sind nicht fassbar, nicht materiell, nicht physisch. Man kann seine heftige Wut nicht einfach umarmen, weil der nervige Nachbar von oben um 7 Uhr morgens zum wiederholten Male Stepptanz übt. Genauso wenig kann man die Traurigkeit auf zwei Kugeln Nusseis mit Sahne einladen und ihr sagen, dass alles wieder gut wird. Man kann zwar das Eis selbst essen, aber mehr als dick wird man davon meist nicht.

Wenn sich dieses wirre Gefühlsrad wieder dreht und die Achterbahnfahrt losgeht, brauche ich etwas, an dem ich mich festhalten kann. Etwas, was mich aus dieser oft negativen Gedankenspirale wieder rausholt und mit mir im ruhigen Fichtenwald spazieren geht oder mich einfach daran erinnert, mal ganz tief Luft zu holen. Ich brauche etwas, das mir beisteht, meine Hand hält und meine Achtsamkeit, mein bewusstes Denken in eine andere Richtung lenkt. Tatsächlich helfen mir die Lieblingskräuter dabei, alles wieder halbwegs in den Griff zu bekommen. Sie erinnern mich daran, mit Vernunft an eine Sache heranzutreten und nicht einfach blind und gefühlsgesteuert auf Menschen oder Dinge loszugehen. Die Lieblingskräuter sind wie ein sehr muskulöser Bodyguard in Form eines Talismans, den ich immer bei mir tragen kann.

Jedes einzelne der Lieblingskräuter pflücke ich an besonderen Orten mit viel Bedacht, trockne sie ganz altmodisch in einem dicken Kräuterbuch und fertige dann – wenn der Mond günstig steht – die kraftvollen Lieblingskräuter-Talismane an. Dabei fällt mir immer wieder auf, wie schön und einzigartig die Natur ist. Und vor allem, dass sie es eindeutig wert ist, mit viel Respekt behandelt zu werden. Wer sich bewusst in der Natur umschaut, sieht eine atemberaubende Vielfalt. Ich habe es mir zur Aufgabe gemacht, diese Vielfalt für die Ewigkeit zu konservieren. Auch so manch unscheinbares Kräutlein habe ich dabei zurück ans Licht geholt.

Hier ist an allererster Stelle das Berufkraut zu nennen. Es ist berufen, Gutes zu tun. Die recht zarten Strahlen dieser feinfühligen Pflanze sind wie kleine Antennen, die negative Energien sofort entdecken. So schützt das Berufkraut seinen Träger davor, „berufen", also verflucht zu werden.

Der Baldrian hingegen hat eine ganz andere Aufgabe: Manchmal zwingt einen das Leben in nervenaufreibende Prüfungen, auf die man weder Lust hat noch irgendeine Vorbereitung erfahren hat. Durch muss man allerdings trotzdem. Der Baldrian steht mit Nervenstärke und Gelassenheit bei.

Wer allzu viel herumwuselt und nicht stillsitzen kann, der sollte das Vergissmeinnicht zu Rate ziehen. Es hilft nämlich, die Intuition zu stärken, und erinnert an wohlverdiente Pausen. Denn mit Ruhe und Geduld erreicht man meist sehr viel mehr.

Natürlich werden diese wunderschönen Lieblingskräuter keine messbaren Wirkstoffe mehr freisetzen. Jedoch sind sie dazu in der Lage, gewisse Gedankenmuster zu durchbrechen sodass man achtsamer mit den eigenen Gefühlen umgeht. Sie sind kleine, liebe und vor allem wunderschöne Ermahnungen, die man als Kette bei sich trägt. So wird in gewissen Situationen die Gedankenkraft bewusst in eine gewisse Richtung geleitet. Man sagt ja nicht umsonst: „Den Gedanken folgen Taten."
Und wenn nötig, halten sie einem sogar wohlwollend die Hand. Ein Muss für jeden Kräuterfan und alle Naturliebhaber:innen.

Genauso gut kann man die Lieblingskräuter verschenken. Jede Blüte, jede Blume und jedes Blatt ist einmalig. Somit trägt man Unikate und verschenkt dabei nicht nur coole Eyecatcher, sondern auch einen liebevollen, positiven und ganz persönlichen Gedanken. Behutsam eingepackt, auf echtem Moos gebettet und mit einer kurzen Beschreibungskarte des jeweiligen Lieblingskräuter-Talismans kannst du so zu jeder Gelegenheit etwas Einzigartiges verschenken und erhältst als Dankeschön für deine gute Tat die vermutlich dickste und herzlichste Umarmung deines Lebens.
Und wenn du jetzt denkst: „Cool, ich werde sehr gerne umarmt!", dann kannst du noch schneller als Susi Sausewind in meinem Shop stöbern und vielleicht heute schon die erste Lieblingskräuter-Bestellung aufgeben.
Auf www.lieblingskraeuter.com wirst du mit Sicherheit fündig.

Mit meinen Talismanen oder „Talismännern", wie ich sie auch gerne nenne, habe ich etwas gefunden, das spitzenmäßig ausschaut und mich auch noch im Alltag unterstützt.
Die Gefühle, auf das Nusseis einzuladen oder nackt und schreiend herumzulaufen, sind dank der Lieblingskräuter jetzt nur noch Plan B.

211

Register

Verzeichnis nach Beschwerden und Wirkungen

Abwehrkräfte stärkend 89
angstlösend 117
antibakteriell 81
antibiotisch 45, 173
antiviral 81
Appetit anregen 21
Arterienverkalkung 37
Atemwege befreien 37
Augenleiden 13
ausleitende Wirkung 81
Ausscheidung unterstützend 57
auswurffördernd 113, 153
Bänderverletzungen 25
Bandscheibenprobleme 25
Blähungen 65
Blasenbeschwerden 149
Blutdruck senkend 109, 205
blutreinigend 61, 77, 93, 101, 173, 181, 185, 193, 197
blutstillend 41, 45, 141
blutverdünnend 117
desinfizierend 149
durchblutungsfördernd 69, 205
Durchfall 93
entgiftend 49, 77, 129, 161, 181
entsäuernd 49, 129, 161
entwässernd 49, 89, 161
entzündungshemmend 33, 53, 133, 189
Erkältung, leichte 87
Fieber 101, 137
Frauenleiden 21
Frühjahrskur 49

gallebildend 129
Gedächtnisschwäche 61
Gelenksschmerzen 89
Gelenksprobleme 25
Gicht 49, 77, 81, 145, 197
Grippe 101, 133, 137
Halsschmerzen 45
Harnsäurewerte, erhöhte 81
harntreibend 117, 133, 149, 169, 177, 193, 197, 201
Heiserkeit 37
Herzbeschwerden 141
Herz-Kreislauf-Beschwerden 205
herzstärkend 169
hormonausgleichend 73
Husten 101, 113, 137, 153
Husten, trockener 61
hustenstillend 69, 173
immunstärkend 181
Kater 87
Knochenbrüche 25
Kopfschmerzen 87, 181
krampflösend 41, 65, 117, 157, 165, 185
Leberbeschwerden 85, 201
leberreinigend 93
Lungenbeschwerden 69, 81
lymphanregend 117, 177, 181
Lymphsystem unterstützend 129
magenstärkend 65, 165, 197
Magentonikum 137
Magenverstimmung 13, 37
Menopause 75, 105

Menstruationsbeschwerden 73, 153, 185
menstruationsfördernd 165
Milzbeschwerden 201
Nervenbeschwerden 105
Nierenbeschwerden 149, 201
reinigend 29, 161
Rekonvaleszenz 197
Rheuma 49, 81, 89, 129, 145, 197
schlaffördernd 105, 169
schleimlösend 81, 169, 185, 193
schmerzstillend 133, 137, 145
schweißtreibend 93, 101, 113, 133, 137, 169
Sehnenverletzungen 25
Sportverletzungen 25
stimmungsaufhellend 117
Stoffwechsel anregend 121
stopfend 41, 97, 101, 141
stumpfe Traumen 25
Venenprobleme 177
Verdauung anregend 17, 21, 37, 141, 201
Verdauungsprobleme 109
vitaminspendend 29, 97
Wechseljahrsbeschwerden 75, 105, 157
wundheilend 73, 85, 165

212

Verzeichnis der Rezepte

ALKOHOLISCHES
Antikater-Mittel 87
Bärenlikör 19
Blutiger Magenöffner 43
Herzlikörchen 205
Herzwein 143

ESSIG
Holunderessig 103
Quendelblütenessig 155

HERZHAFTES
Brennnessel-Hummus-Aufstrich 51
Frühlings-Salat 55
Gemüse-Wrap mit Ahorn-Spinat 11
Gierschpesto 79
Löwenzahnkapern 131
Omas italienische Nudelpfanne 123
Silenioli – Ravioli mit Lichtnelkenfüllung 127
Vogelmierensuppe 195

RÄUCHERN
Königliches Räucherrezept 203
Räucherstick 139

SÄFTE, SIRUPE UND DRINKS
Angelika-Aperitif mit Engelwurzsirup 67
Entschlackungssaft 163
Entspannungssaft zum Blaumachen 191
Fichtensirup 71
Französischer Smoothie 111
Königlicher Schichtsirup 175
Labkrautbowle 119
Preiselbeersaft 151
Rotkleesaft 159
Venuslimonade 167
Vitalpulver 91

SALBEN, TINKTUREN UND AUSZÜGE
Antihexensalbe 199
Beifußtinktur 23
Beinwell-Ölauszug 27
Halsschmeichlertinktur 47
Venensalbe 177

SÜSSES
Alte Dame im Schlafrock 187
Biberhonig 39
Regenbogen-Frühstücks-Bowl 31
Schokolierte Gundermann-Blätter 83
Vogelbeermus 59

TEES
Alles-nervt-mich-Tee 107
Angenehm blumiger Grippetee 135
Augentrost-Tee 15
Blumige Hausteemischung 35
Darmtee 99
Erkältungstee 63
Kätzchenfutter 95
Königstee 115
Kopfwehtee 183
Superheldentee für die Wechseljahre 75
Tee zum Abhusten 171
Zipperleintee 147

Klugscheißerwissen Kräuter

213

Kräutersammeln für Einsteiger:innen

Schneller, höher, weiter: Die Dogmen unserer Zeit verbieten Pausen. Für Körper und Geist sind Erholung und Entspannung jedoch unverzichtbar. Bewusste Regeneration hilft, Stress besser zu bewältigen.
Kräuterexpertin Tara-Luca Hanke zeigt in diesem Ratgeber, wie das Sammeln von Wildkräutern helfen kann, Stress zu reduzieren und die eigene Gesundheit zu fördern. Ausführliche Anleitungen werden mit spannenden Hintergrundinformationen und zahlreichen Tipps zum Sammeln, Lagern und Verarbeiten von Kräutern ergänzt.

- 15 Porträts weit verbreiteter Wildkräuter
- mehr als 30 Rezepte
- Fragebogen zur Selbstreflexion und Sammelkalender

Eine super Einführung für Einsteiger:innen in die Wildkräuterwelt.

zauberkraeuter.at

Impressum

Gedruckt mit Unterstützung
der Südtiroler Landesregierung,
Abteilung Deutsche Kultur

Deutsche Kultur

1. Auflage
© Edition Raetia, Bozen 2023
ISBN: 978-88-7283-872-3

Projektleitung: Felix Obermair
Lektorat: Helene Dorner
Korrektur: Katharina Preindl
Grafik und Umschlaggestaltung:
Alessandra Stefanut, www.cursiva.it
Fotos:
Innenseiten: Tami von Seyr
Titel, Porträtfotos der Autorin:
Caroline Renzler, www.silbersalz.it
Illustrationen: Fourleaflover, Shutterstock
Druckvorstufe: Typoplus, Frangart
Printed in Europe

Unseren Gesamtkatalog finden Sie unter
www.raetia.com.
Bei Fragen und Anregungen wenden Sie
sich bitte an info@raetia.com.

Edition Raetia
verzichtet der Umwelt zuliebe
auf die Schutzfolie aus Plastik.

Die Angaben zu den Kräutern in diesem Buch wurden sorgfältig geprüft. Autorin und Verlag lehnen jedoch jegliche Haftung für allfällige Schäden, die sich aus dem Gebrauch oder Missbrauch der hier vorgestellten Informationen ergeben, ab. Die Behandlungsmöglichkeiten in diesem Buch ersetzen nicht eine ärztliche Therapie.